KB248667

동양철학 원리론의 길라잡이

한국전통명리학 입문과 실제

문 왕 준 저

부록 : 신생아 이름 짓는 법

현대인의 감각에 맞게 누구나 명리학을 가까이 할 수 있는 명리학의 지침서!!

지식의 샘
법문북스

목차

머 리 말

人間은 世上에 태어날 때는 男女의 性別은 물론 四柱 즉 生, 年, 月, 日, 時가 정해졌다. 이 四柱는 그 사람 일생을 좌우하게 되는데, 이는 모든 사람마다 제각각 모두 다르다.

이같이 다른 四柱를 갖은 사람 중에는 위대한 사상가들은 물론 부를 누리고 사는 人間이 있는가 하면 그에 반해 곤경에 처해 있는 人間들이 더 많다는 게 현실이다.

出生 그 자체가 잘못이 있다면 나의 運命을 앉아서 속수무책 겪어야만 할 것인가? 숙명으로 받아들일 것이 아니라, 스스로 깨달아 익히 알아 다스리고 개척해 나가는 긍정적이고 능동적인 삶을 택해야 할 것이 아닌가. 四柱에서 예정한 대로 살아가고자 하는 태도부터 버려야 할 것이다.

四柱는 과학이다. 동양철학의 길잡이가 될 人間學이며, 모든 학문의 기초가 된다.

四柱의 여덟 글자를 통하여 人間의 運命을 나타내는데 그 사람의 초년, 중년, 말년을 크게 구분 표시하고 10년을 단위로 변하는 大運과 해마다 바뀌는 歲運, 그리고 月, 日, 時의 運을 표시한다. 또 그 사람의 조상, 부모, 형제, 배우자, 자식운(運), 그리고 學文, 직업運을 말해주며,

신체의 질병과 요수(夭壽)를 말해준다.

뿐만 아니라 성격과 이성관계, 궁합과 택일 運 등 人生 전반에 걸쳐 일어나는 모든 것을 표시해 주니 과학이라 아니할 수 없다.

동양철학의 기초집인 본 서에서 중점적으로 다루게 되는 점은 天干의 原理論이다. 현대감각에 알맞게 해설한 것을 비롯하여 甲木부터 癸水까지 운세의 흐름을 집약적으로 볼 수 있게 재구성하였다. 대개의 命理學이 막연하게 서술된 것에 비해 바르게 풀이한 점을 말하고 싶다.

자신의 運命은 어쩔 수 없는 숙명이 아니라 스스로 다스리고 개척해 나가 바로 잡을 수 있는 것이다.

지은이 문 왕 준

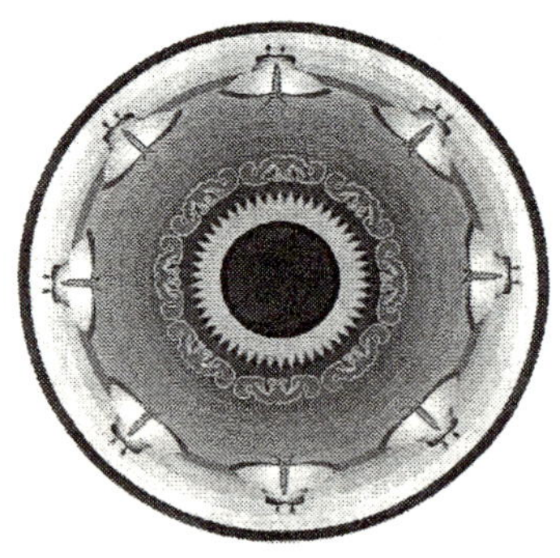

제 1 장
命理學의 原理

제1장
命理學의 原理

제1절 천간(天干)과 지지(地支)

천간 갑(甲) 병(丙) 무(戊) 경(庚) 임(壬) 을(乙) 정(丁) 기(己) 신(辛) 계(癸), 지지(地支) 자(子) 인(寅) 진(辰) 오(午) 신(申) 술(戌) 축(丑) 묘(卯) 사(巳) 미(未) 유(酉) 해(亥) 등 22개의 기호체계가 순차적으로 짝을 이루어 六十甲子를 만들고 음(陰)과 양(陽) 그리고 오행(五行) 목(木) 화(火) 토(土) 금(金) 수(水)가 배속되어 이들의 모체가 각각의 상호작용과 특성, 작용의 원리(原理)를 풀이한 것이 사주명리학(四柱命理學)이며 이것이 바로 인간학(人間學)이다.

앞에 나타난 명리학의 天干과 地支, 六十甲子, 陰陽, 五行 등으로 구분되어 있다. 이들에 대한 내용들을 법률적으로 살펴보면 天干은 甲부터 壬까지 다섯 개는 陽에 있으며, 乙부터 癸까지 또 다섯 개는 陰에 있다.

地支에 대하여 子부터 戌까지 여섯 개는 陽이며 丑부터 亥까지 여섯 개는 陰이다.

제2절 육십갑자(六十甲子)

六十甲子에 대하여는 앞에서 天干과 地支 등 22개의 기호체계가 순차적으로 결합하면(甲子부터 癸亥) 60개의 干地(天干과 地支의 약자)가 만들어 지는데 이를 구성하는 두 가지의 법칙은 첫째, 天干은 그대로 있고 地支가 순환하며 차례로 결합하며, 둘째, 동일한 陰陽만이 결합할 수 있다.

이상에서 참고할 것은 四柱를 세우고 이를 통해 命을 판단하는데 있어서 반드시 필요한 것이므로 命理學에 있어서 六十甲子의 구성 原理와 순서를 정확히 익혀두어야 할 것이다.

제3절 음양오행(陰陽五行)

동양철학의 진수라고 할 수 있는 陰陽과 五行은 오묘한 이치에 따라 우주만물의 존재와 작용의 원천을 이루며 끊임없이 순환하며 매 시간(時間)마다 각각 다른 기(氣)와 의미를 나타낸다.

甲子年부터 癸亥年까지 六十甲子의 조견표는 다음과 같다. 많은 숙지 바랍니다.

◆ 六十甲子表 ◆

甲子	乙丑	丙寅	丁卯	戊辰	己巳	庚午	辛未	壬申	癸酉
甲戌	乙亥	丙子	丁丑	戊寅	己卯	庚辰	辛巳	壬午	癸未
甲申	乙酉	丙戌	丁亥	戊子	己丑	庚寅	辛卯	壬辰	癸巳
甲午	乙未	丙申	丁酉	戊戌	己亥	庚子	辛丑	壬寅	癸卯
甲辰	乙巳	丙午	丁未	戊申	己酉	庚戌	辛亥	壬子	癸丑
甲寅	乙卯	丙辰	丁巳	戊午	己未	庚申	辛酉	壬戌	癸亥

또 陰陽과 五行에는 생명(生命)의 비밀과 흥망성쇠(興亡盛衰)의 원리(原理)가 소속되어 있으므로 人間의 運命을 해명하고 개선하는데 핵심적인 열쇠가 상생(相生), 상극(相剋)이다.

이들에 대한 기본 술어는 이 정도로 하고 10개의 天干, 地支와 陰陽五行에 대하여 깊이 있게 분석해 보자.

◎ 五行의 상호작용

甲木은 陽干이면서 地支의 寅木과 뜻을 같이한다. 甲木의 글자 모양을 보면 인천(仁川) 앞바다에 쌓여 있는 수입목과 같다. 곧고, 강하고, 특히 건축 목재(木材)로 많이 쓰이며 火木으로 사용한다.

또, 이와는 반대로 이른 봄(春) 새싹을 터뜨리기 위하여 땅(土) 속에서 움트리고 준비중에 있음을 내포하고 있다.

乙木은 卯木과 뜻을 같이하며(陰陽과 五行이 같은 것을 말함) 화초목(花草木)이며 넝쿨과 같으니 열매를 맺거나 材木이 되지 못하고 아름답고 예쁜 모양을 간직하고 있으며 감상과 소유의 대상이 된다. 또 작은 숲과 1년생 초화 등을 의미한다. 乙木의 글자 모양을 보면 새끼줄처럼 꼬인 상태이다.

丙火는 巳火와 뜻을 같이하며 태양의 빛과 같은 것이니 불을 내는 역할을 하지 못하나 식물을 기르고 동물을 생활할 수 있게 하며 지구상의 식물 들에게 광명(光明)을 준다.

丁火는 午火와 뜻을 같이한다. 丁火는 丙火와 같이 밝은 빛을 내지는 못하나 등촉화(燈燭火)이므로 추운 겨울 나무를 불태우고 무쇠를 녹이는 역활을 한다.

이에 반비례로 사물의 어둠을 밝히는 분야를 상징하며 만물이 성실하게 성장하는 뜻을 내포하고 있다.

戊土는 辰戌土와 뜻을 같이하며 이들은 中央土라고 불리는데 큰(大) 산과 같아 나무가 자랄 수 있는 토양(土壤)이며 한라에서 백두까지 높은 산(山)으로 바람과 태풍을 막아주고 추위를 도와주며 뚝을 쌓아 장마철에 물난리의 보호막이 되기도 한다.

己土도 역시 丑未土와 뜻을 같이하며 中央土라고 불린다. 논밭에 있는 흙을 상징하며 만물의 성장을 성숙하게 하면서 항구적인 중심기강을 유지, 화합(和合), 중화(中和)작용의 뜻을 지니고 있으나 戊土와 같이 왕성하지는 못하다.

庚金은 辛金과 뜻을 같이하는데 무쇠덩어리이며 큰(大)바위와 같으며 만물의 결실과 완성을 상징하면서 수확(收穫), 응고(凝固), 수축(收縮) 등의 뜻을 지니고 있는가 하면 물을 샘솟게 하는 역할도 한다.

辛金은 酉金과 뜻을 같이하는데 제련된 쇠로 칼과 같고 귀금속(즉 다이아몬드)과 같은 역할을 하나 자신이 스스로 빛이 나서 귀(貴)하지만, 草木을 베어버리므로 만물의 성장과 결실을 완성하여 모체로부터 분리되는 것을 상징하며 사별(死別)의 고통 등도 내포하고 있다.

壬水는 子水와 뜻을 같이하는데 강과 바다, 호수 물과 같으며 만물의 성장에 반드시 필요하며 사람이 먹는 물이다. 이는 생성(生成)의 일기를 끝마치고 陰陽이 서로 교차되면서 새로움을 갖는 형상이다.

癸水는 子水와 뜻을 같이한다. 빗물, 이슬비로 태양(丙火)을 가리기는 하나 불을 끄고 나무를 자라게 하는 역할을 하는데 수기(水氣)가 왕성한 겨울에 새로운 세계가 성장하고 있음을 내포하며 양기가 태동(胎動)하는 것과 같다.

이상과 같이 天干의 10字는 각각의 성질이 있고 상징하는 바가 있다. 이를 한 눈에 알 수 있도록 도표를 만들면 다음과 같다.

◆ 天干의 陰陽五行 ◆

天干	甲	乙	丙	丁	戊	己	庚	辛	壬	癸
陰陽	陽	陰	陽	陰	陽	陰	陽	陰	陽	陰
五行	木		火		土		金		水	
相生	木生火		火生土		土生金		金生水		水生木	
相剋	木剋土		火剋金		土剋水		金剋木		水剋火	

◆ 天干의 상징 ◆

天干	甲	乙	丙	丁	戊	己	庚	辛	壬	癸
數理	3	8	7	2	5	10	9	4	1	6
季節	春		夏		四季		秋		冬	
方位	東		南		中央		西		北	
色	靑		赤		黃		白		黑	
味	酸		苦		甘		辛		鹹	
聲	角音		徵音		宮音		商音		羽音	
意	仁		禮		信		義		智	

위에서 설명한 天干만으로는 우주의 氣를 모두 설명할 수가 없다. 따라서 하늘을 뜻하는 天干과 함께 땅을 의미하는 12개의 地支를 사용하여 만물의 이치와 상호작용을 밝히므로써 天干과 地支가 완전한 人間學의 토대를 이루게 될 것이다.

地支도 역시 방향과 물체 등을 상징하고 있으며 특히 우리가 쥐띠, 소띠 …… 하고 할 때의 12종의 동물을 상징하고 있는데 天干과 다른 점은 地支 속에는 天干이 감추어져 있다. 다음 장에서 구체적으로 설명하겠지만 이를 지장간(支藏干)이라고 칭한다.

또 地支의 陰과 陽을 보면 天과 같은 방법으로 陰陽의 구분이 되어 있으나 子, 巳, 午, 亥 그 쓰임에 있어 반대의 氣를 갖는다. 그러므로 子는 陽이지만 陰, 巳는 陽, 午는 陰, 亥는 陽으로 쓰이며 地支에도 五行이 정해져 있다.

寅과 卯는 木, 辰 戌 丑 未는 土, 巳 午는 火, 申 酉는 金이며 亥와 子는 水이다.

또 地支 각자의 의의(意義)를 간단히 살펴보면 다음과 같다.

子水는 봄(春)을 잉태(孕胎)함과 동시에 陽氣가 새롭게 싹트는 것을 의미하며 만물의 시원(始元)인 물(水)을 상징한다.

丑土는 大雲(冬)절이라 매섭던 한(雪)기가 지나면서 스스로 굴종(屈從)하기 시작함과 같다. 그리고 생명의 원천인 씨앗을 감싸주는 형상을 상징한다.

寅木은 만물(萬物)의 활동을 시작하려는 시기로 양기가 지표(地表)를 뚫고 솟아오르려는 상태이고 곧 태양(丙)이 떠오르는 여명과 같다.

卯木은 계절(季節)로는 춘분(春分)에 비유되는데 일년생 草花가 땅위로 솟아오르려는 듯한 뜻을 의미하며 辰土는 물(水)과 불(火)을 억제조절하고 변화하여 성장과 발전을 위하여 의기(意氣)를 펴는 기상이다.

巳火는 태양(丙)의 뜨거운 기운이 지표면에 투사(透射)되어 양기가 충만됨을 상징한다.

午火는 태양열과 같은 형상을 상징하며 陰陽이 교체하면서 서로 놀래고 미워한다는 뜻을 내포하고 있다.

未土는 하루해가 서산에 기운 것처럼 성장은 중지되고 결실을 하게 되는데 나무잎은 떨어지고 水分은 하강하는 현상이다.

申金은 萬物의 성장을 억제하고 풍요로운 결실을 가져오게 하는 뜻.

酉金은 오곡이 결실을 완료하고 그 풍요한 현상이 보름달처럼 가득함을 뜻한다.

亥水는 萬物이 生成하는 한 시대는 끝났으나 새 시대를 위하여 씨앗을 수장(收藏)하고 있음을 의미한다.

끝으로 地支가 天干과는 달리 12종의 동물을 상징하고 있는데 子는 쥐, 丑은 소, 寅은 호랑이, 卯는 토끼, 辰은 용, 巳는 뱀, 午는 말, 未는 양, 申은 원숭이, 酉는 닭, 戌은 개, 亥는 돼지를 각각 상징한다.

이같이 地支가 人間의 生活과 밀접한 관련을 가진 동물을 상징하는 것은 윤택하고 안정된 人生을 추구하려는 命理學의 合理的인 측면을 보여주는 좋은 例라 할 수 있다.

그러나 陰陽과 五行을 근거로 命을 판단하는 것이지 地支가 상징하는 동물의 특성과 상호관계를 이용 運命을 판단해서는 안된다.

다음은 地의 속성에 대하여 도표를 만들면 다음과 같다.

◆ 地支의 속성 ◆

地支	子	丑	寅	卯	辰	巳	午	未	申	酉	戌	亥
陰陽五行	陽水	陰土	陽木	陰木	陽土	陰火	陽火	陰土	陽金	陰金	陽土	陰水
天干	癸	己	甲	乙	戊	丙	丁	己	庚	辛	戊	壬
季節	冬	冬	春	春	春	夏	夏	夏	秋	秋	秋	冬
方位	北	北	東	東	東	南	南	南	西	西	西	北
동물	쥐	소	범	토끼	용	뱀	말	양	원숭이	닭	개	돼지
人體	머리	비장	사지	신경	생식기	심장	정신	다리	대장	폐	뼈	신장
월	11	12	1	2	3	4	5	6	7	8	9	10

앞에서 잠깐 밝혔듯이 地支 속에는 天干이 숨어 있다고 한 바 있다.

支藏干은 첫째 앞으로 용신(用神)을 찾는데 결정적인 역할을 하게 되며, 둘째 앞으로 나올 육친(六親)을 이해하는데도 유용하게 쓰이며 따라서 支藏干을 알지 못하고서는 정확한 四柱를 풀 수가 없음을 상기시킨다.

支藏干에 대한 설명은 연해자평(淵海子平)에 처음 나온 이후로 현재까지 응용되고 있으며 그 쓰임이 복잡하고 다양해 잘못 적용되기도 하고 아예 무시되는 경향도 있다.

그러나 命理學은 우주과학을 바탕으로 이루어진 철저한 수리과학(數理科學)이므로 특히 月柱의 구성에서 긴요하게 쓰이고 있다.

1年이 12개월로 되어 있고, 또 1월은 30일, 1년은 春 夏 秋 冬으로 나뉘어 있듯이 支藏干도 1個月은 초순, 중순, 하순처럼 구분하듯 여기(餘氣), 중기(中氣), 정기(正氣)로 정해놓고 있으며 이들 각각은 月에 포함되어 있는 五行의 氣가 변화하는 내용을 담고 있다.

餘氣 등 3개의 氣를 살펴보면 餘氣는 前月의 氣가 완전히 사라지지 않고 아직 남아 있음을 표시하며 中氣가 없는 경우에는 약 40%를 차지한다.

中氣는 子, 卯, 酉月에는 春夏秋冬 四계절의 中央에 위치하며 그 氣가 가장 성하기 때문에 따로 中氣를 두지 않았으나 午火 만은 己土가 하나 더 들어 있으므로 中氣가 없는 것은 子, 卯, 酉의 3개이다.

中氣는 대략 해당 월의 30%로 정도를 차지한다.

正氣는 해당 月의 주인이며 氣가 가장 무르익었다고 할 수 있다.

특히 正氣는 餘氣나 中氣보다 많은 날자를 차지하는데 이 같은 경우는 가장 많은 영향을 미치기 때문이며 辰, 戌, 丑, 未, 亥月에는 18일을 차지하고 寅, 巳月에는 16일, 子, 卯, 酉月에는 20일, 午月에는 11일,

申月에는 17일씩 각각 차지하게 된다.

끝으로 支藏干의 오묘한 이치는 命理學에 대한 조예가 깊을수록 더욱 절실히 느낄 수 있으나 우선은 地支 속에 감추어져 있는 지를 정확히 알고 빨리 응용하는 것이 필요하다.

따라서 독자가 쉽게 숙지할 수 있도록 다음과 같은 도표를 작성한다.

◆ 支藏干表 ◆

	餘 氣	中 氣	正 氣
子	壬 10일		癸 20일
午	丙 10일	己 10일	丁 10일
卯	甲 10일		乙 20일
酉	庚 10일		辛 20일
辰	乙 9일	癸 3일	戊 18일
戌	辛 9일	丁 3일	戊 18일
丑	癸 9일	辛 3일	己 18일
未	丁 9일	乙 3일	己 18일
寅	戊 7일	丙 7일	甲 16일
申	戊 7일	壬 7일	庚 16일
巳	戊 7일	庚 7일	丙 16일
亥	戊 7일	甲 7일	壬 16일

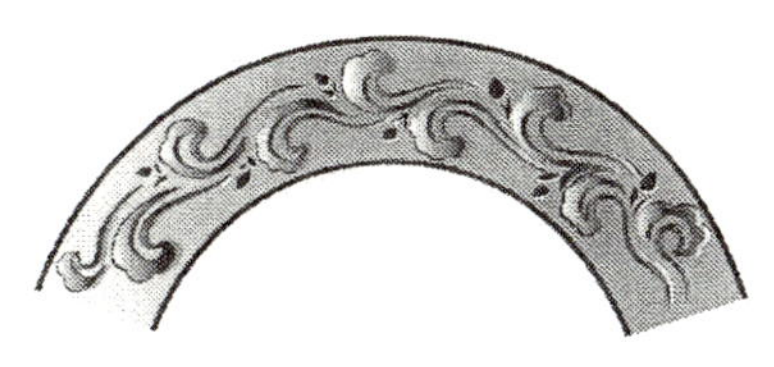

제 2 장
四柱 定立法

제2장
四柱 定立法

제1절 연주(年柱)

年柱는 年干과 年支로 구성되어 있는데 四柱의 첫 기둥이고 人間의 根本인 뿌리임으로 세상에 처음 태어난 해의 太歲를 年柱라고 하며 生月을 月柱, 生日을 日柱, 生時를 時柱라고 한다.

年柱는 1947年 1月 1日(丁亥年 음력정월 초하루)에 태어났으면 그 해의 年柱는 丁亥를 새해로 보는 것은 당연하나 四柱 命理學에서는 12절기 중 첫 절기인 立春의 節入時를 따져 새해로 정하는 法을 잊어서는 안된다.

제2절 월주(月柱)

年柱는 四柱의 뿌리라고 하였다. 그러면 月柱는 돋아나는 새싹과 같고 줄기와 같은 것이다. 앞에서 年柱의 干地를 정할 때 立春日을 기준으로 하듯이 月柱의 干地를 정하는데 있어서도 각월의 節分 入節日 기준으로 하여 정하게 된다.

또 月柱는 만세력에 표시되어 있기 때문에 이를 이용하면 된다.

그러나 하나 예를 들어보자.

癸亥年인 1983년 1월 25일 생의 경우 2月節인 경칩(驚蟄)이 1月 22日에 들어 있으니 1月 25日의 生의 月柱는 1月의 月柱 甲寅을 쓰지 않고 2月의 月柱 乙卯를 쓴다.

또한 예로 壬戌年인 1982年 12月 25日의 경우 1月節인 立春日이 12月 22日이라 12月 25日生은 立春日을 지나서 出生하였으나 年柱를 壬戌年을 쓰지 않고 다음 해인 癸亥年(1983년)의 年柱를 쓰는 것이고 또 月柱도 12月달의 癸丑日을 쓰지 않고 1月의 甲寅月柱를 이용하여야 하며 月柱는 연두법(年頭法)에 의하여 出生年의 天干에 甲과 己가 든 해의 月柱는 丙寅, 丁卯로 시작되고 乙과 庚이 든 해의 月柱는 戊寅, 己卯로 시작한다.

◆ 月干支早見表 ◆

월	1월	2월	3월	4월	5월	6월	7월	8월	9월	10월	11월	12월
절입일 / 年干	입춘	경칩	청명	입하	망종	소서	입추	백로	한로	입동	대설	소한
甲·己年	丙寅	丁卯	戊辰	己巳	庚午	辛未	壬申	癸酉	甲戌	乙亥	丙子	丁丑
乙·庚年	戊寅	己卯	庚辰	辛巳	壬午	癸未	甲申	乙酉	丙戌	丁亥	戊子	己丑
丙·辛年	庚寅	辛卯	壬辰	癸巳	甲午	乙未	丙申	丁酉	戊戌	己亥	庚子	辛丑
丁·壬年	壬寅	癸卯	甲辰	乙巳	丙午	丁未	戊申	己酉	庚戌	辛亥	壬子	癸丑
戊·癸年	甲寅	乙卯	丙辰	丁巳	戊午	己未	庚申	辛酉	壬戌	癸亥	甲子	乙丑

제3절 일주(日柱)

日柱는 곧 生日의 干地인데 四柱의 主人이자 가장 基本이 되는 中心이다.

日柱를 기준으로 四柱八字의 7자 地支속에 숨겨진 天干과 大運, 세운에서 나타나는 모든 天干과 地는 판단하고 해석하면 된다.

그런데 年柱와 月柱는 만세력(萬歲曆)이 없어도 세울 수 있으나 日柱는 불가능하다. 六十甲子를 끝없이 순환하여 기준을 잡을 수 있는 곳이 없기 때문에 萬歲曆을 利用하는 수밖에 없다.

제4절 시주(時柱)

時柱의 干地地는 일정(法으로 정하여 졌다고 보면 된다)하다.

이는 12개의 地支가 하루 24時間中 2時間씩 차지하고 있는데 時의 干地는 항상 일정하고 時間을 日干에 의하여 하루를 12時間으로 나누고 12時는 子에서 亥까지 12地支에 時間을 2時間씩 배정한 것이다.

이와 같이 地支가 각각 2時間씩 맡고 있는데 언제나 변하지 않고 天干만 바뀌면서 時柱를 구성한다.

전일 오후 11時부터 금일 오전(새벽) 1時까지 그 時間은 子時인데 子時부터 亥時까지 알기 쉽게 도표로 설명한다.

◆ 時間 早見表 ◆

子時	丑時	寅時	卯時	辰時	巳時
오후11시 ~오전1시	오전1시 ~오전3시	오전3시 ~오전5시	오전5시 ~오전7시	오전7시 ~오전9시	오전9시~ 오전11시
午時	**未時**	**申時**	**酉時**	**戌時**	**亥時**
오전11시 ~오후1시	오후1시 ~오후3시	오후3시 ~오후5시	오후5시 ~오후7시	오후7시 ~오후9시	오후9시~ 오후11시

◆ 時干支 早見表 ◆

日干 \ 時支	子時	丑時	寅時	卯時	辰時	巳時	午時	未時	申時	酉時	戌時	亥時
甲·己日	甲子	乙丑	丙寅	丁卯	戊辰	己巳	庚午	辛未	壬申	癸酉	甲戌	乙亥
乙·庚日	丙子	丁丑	戊寅	己卯	庚辰	辛巳	壬午	癸未	甲申	乙酉	丙戌	丁亥
丙·辛日	戊子	己丑	庚寅	辛卯	壬辰	癸巳	甲午	乙未	丙申	丁酉	戊戌	己亥
丁·壬日	庚子	辛丑	壬寅	癸卯	甲辰	乙巳	丙午	丁未	戊申	己酉	庚戌	辛亥
戊·癸日	壬子	癸丑	甲寅	乙卯	丙辰	丁巳	戊午	己未	庚申	辛酉	壬戌	癸亥

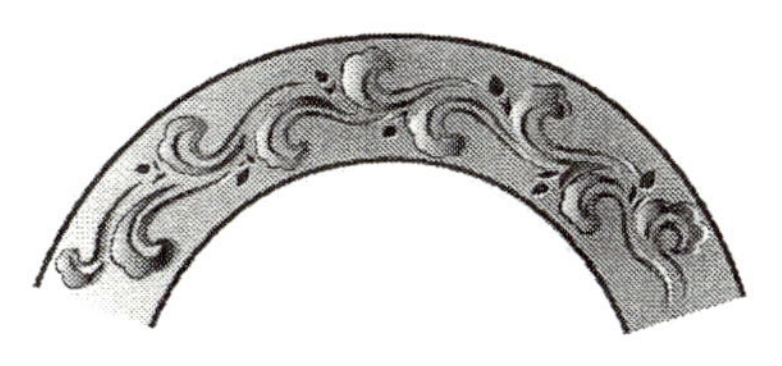

제 3 장

四柱의 根本

제 3 장
四柱의 根本

四柱는 出生 年, 月, 日, 時의 네 기둥으로 八字를 표시하는 것이고 根苗花實은 年柱가 根 즉 뿌리가 되고 月柱는 싹(苗)이 되며 日柱는 꽃(花)이 된다.

또 時柱는 實 즉 열매가 된다 하여 이같은 것을 四根이라고 한다.

이들을 다시 풀어보면 年柱 뿌리(根)는 萬物의 始源이라 뿌리가 있어야 싹(苗)이 나고 자라고 꽃이 피면서 열매를 맺는다. 그러므로 年柱는 조상이 되며 조부모와 가통을 알아보고 과거 15세 이전 유,소년 시절을 살피게 된다. 年月日이 相生하고 吉神이 있으면 父母가 福을 받게 되고 본인도 유년, 소년시절 좋은 가정에서 行福을 누리며 살게 된다.

月柱 싹(苗)은 부모와 형제, 자매, 회사, 동료, 학교 동기생들과 같으므로 젊었을 때 즉 청년기 운을 나타낸다.

그런데 月柱에 用神과 喜神이 있고 生旺할 때 이들이 行福을 누리고 발전한다.

日柱 꽃(花)은 자신과 가정을 살피게 되는데 旰을 자신의 主星으로 하

고 있으며 日支는 남자에게 妻가 되며 여자의 日支는 남편자리가 된다.

그러므로 日柱가 生旺하고 用神과 吉神이 있으면 가정生活이 만족함으로 젊음의 피가 샘솟는 30세부터 45세까지는 행복을 누리며 살 수 있다.

時柱 열매(實) 뿌리가 생기가 싹이 트고 꽃이 피고 열매가 열렸다. 그렇다면 四柱八字의 말년운이라고 생각하면 된다.

45세부터 60세 말년을 편하게 살려면 우선 日柱와 時柱 간의 相生하고 조화 즉 균등을 이루면 훌륭한 자녀들과 함께 행복을 누리고 살 수 있다.

참고로 四柱란 순수해야 한다. 타주(他柱)에서 年柱를 상하게 되면 父母에게 불리하고 日柱를 상하게 되면 부모형제가 불리하며 日柱를 상하게 되면 本人과 妻가 이롭지 못하다.

時柱를 상하면 자손이 해롭고 말년이 공허(空虛)하게 된다.

人間이 運命도 기상학적 측면에서 보면 자연의 성장과정과 그 이치가 다를 바 없다. 즉 뿌리가 있어야 출생하고, 꽃은 새싹이 없었다면 곱게 필 수 없으며 또 암수 수정이 안 되면 결실을 맺지 못한다.

사주도 이와 같이 순수하고 형 충 파 해(刑冲破害)와 공망(空亡), 사절(死絶)이 없고 또한 吉神이 있으면 일생을 行福하게 안과(安過)하는 좋은 吉命이 될 것이다.

이와 반대로 흉명(凶命)이 오면 평생 어려운 고난을 면치 못하는 것이다.

◆ 四柱의 根本表 ◆

四柱	年柱	月柱	日柱	時柱
四根	根	苗	花	實
六親	조상	부모형제	자신·처	자식
年齡	1~15세	15~30세	30~45세	45~60세
四格	元格	亨格	利格	貞格
四世	前生	今世	現世	後世
四食	아침	점심	저녁	밤
季節	봄	여름	가을	겨울

제 4 장
五 行 論

제 4 장
오행론(五行論)

제1절 五行

五行의 작용과 변화를 통해 人間의 命뿐만 아니라 모든 현상을 규명한다. 또 지구를 구성하고 있는 땅과 물, 태양, 생물, 광물을 지칭하고 있다.

五行의 의미 몇 가지를 알아보면 木은 나무를 의미하지만 땅에 뿌리를 내리고 사는 모든 생명체와 나무로 만들어진 모든 것을 표시한다. 火는 불이다. 불에는 태양과 같이 빛을 내는 불과 불꽃을 가지고 모든 것을 태울 수 있는 불이 있으니 이 둘을 火라고 한다.

土는 땅이니 높고 낮은 산과 들 그리고 논과 밭, 마당을 의미하기도 하며 모래와 진흙 같은 흙도 의미한다.

金은 쇠인데 광산에서 캐낸 다듬어지지 않은 무쇳덩어리와 그 무쇠를 다듬어 만든 연장, 보석을 의미하며 바위도 포함한다.

水는 물이다. 바위틈에서 솟아나는 맑은 물을 비롯하여 강물, 바닷물,

빗물 등의 모든 물을 의미한다.

이같은 五行은 지구상의 모든 물질을 표시하고 있다. 五行은 또한 각각 음양의 氣를 가지고 있어 木은 陽木과 陰木이 되고 火는 陽火와 陰火가 되며 土는 陽土와 陰土, 金은 陽金과 陰金, 水는 陽水와 陰水가 된다. 陰陽의 氣를 가진 五行은 모두 각각의 특성을 가지고 있어 命理學을 연구하는데 중요하게 쓰인다.

五行의 계절과 방위를 도표로 나타내면 다음과 같다.

◆ 五行의 季節과 方位 ◆

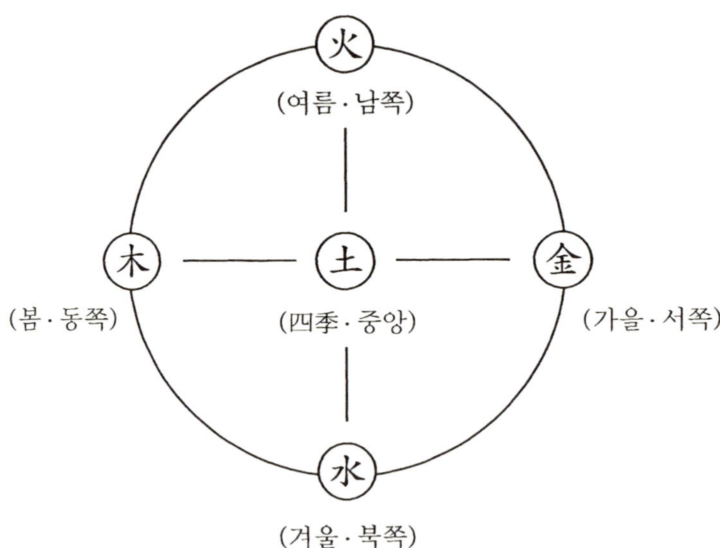

五行의 속성을 보면 木은 청(青, blue), 火는 적(赤, red), 土는 황(黃, yellow), 金은 백(白, white), 水는 흑(黑, black) 色을 나타낸다. 또 맛(味)을 나타낼 때는 木은 신맛, 火는 쓴맛, 土는 단맛, 金은 매운맛, 水는 짠맛이다. 하루의 時間으로 보면 木은 아침이며 낮이고, 土는 해가 중천에 있을 때이며, 金은 저녁이고, 水는 밤이다.

이같이 오행에 나타나는 속성을 도표로 표시한다.

◆ 五行의 속성 ◆

五行	木	火	土	金	水
天干	甲乙	丙丁	戊己	庚辛	壬癸
地支	寅卯	巳午	辰戌丑未	申酉	亥子
數	3, 8	7, 2	5, 0	9, 4	1, 6
方位	東	南	中央	西	北
季節	春	夏	四季	秋	冬
色	青	赤	黃	白	黑
味	酸	苦	甘	辛	鹹
意	仁	禮	信	義	智
人體	肩	胸	足	頭	腹
聲	角音	徵音	宮音	商音	羽音
官	目	舌	口	鼻	耳
時	朝	晝	中天	夕	夜

제2절 相生과 相剋

五行의 作用에 대하여 木은 金을 만나 剋을 당하지만 木은 土를 剋한다. 또 木은 水로부터 나오지만 火를 낳는다. 이같이 물고 물리며 주고받는 관계를 相生 相剋이라 한다.

참고로 木이 金을 보면 剋을 당한다고 보지만 오히려 더욱 단단한 木材가 될 수 있다.

金剋木을 부정하는 것은 아니지만 木이 유약하고 어릴 때는 金을 만나면 짓밟히게 된다. 또 木이 火를 낳지만 약한 불은 꺼지게 되어 오히려 剋을 당하며 햇빛(丙)과 같은 火는 木을 生해 준다.

木이 어떤 경우에 火를 生하고 火를 生하지 못하는지에 대하여 相生과 相剋에 대하여 다음 도표를 통하여 알아보자.

◆ 相生相剋表 ◆

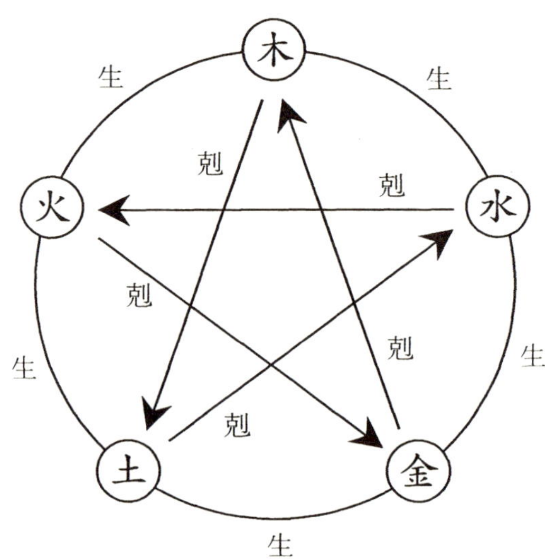

1. 相生

相生은 五行이 순환하면서 이루어지는데 자연의 변화와 같이 봄(春)은 여름(夏)을 여름은 가을(秋)을 가을은 겨울(冬)을 生한다는 것을 생각할 때 세상의 모든 것이 그 원인이 있은 다음에야 존재할 수 있고 또 반드시 무엇인가를 만들어내는 것을 의미한다.

그러나 木生火라고 했을 때 木은 반드시 火만을 生하는가? 火는 반드시 木으로부터만 오는가? 火를 剋하는 경우는 없는가? 오히려 木을 生하는 경우는 없는가? 하는 종합적인 고찰이 필요할 것이다.

① 木生火

木은 작은 화초목으로부터 크고 굳은 선박용 목재에 이르기까지 다양하다. 특히 陰과 陽으로 구분지을 경우는 더 많은 것들을 포괄적으로 상징한다. 또 火는 촛불이나 성냥불과 같이 불꽃을 통해 열을 발생시키고 태워 버리는 火가 있는가 하면 태양과 같이 불꽃이 없고 태우지 아니하며 木을 길러주는 火도 있다. 따라서 단순히 木은 火를 生한다고만 이해할 것이 아니라 태양(火)으로부터 오히려 生함을 받아 火生木이 되고 등촉화(燈燭火)는 불을 끄게 되므로 木剋火가 된다.

② 火生土

土는 광물이 숨어 있고 수림이 울창한 거대한 산과 화분의 흙에 해당하므로 태양(火)가 큰 산을 生하기는 해도 燈燭火는 오히려 土를 剋한다. 울창한 삼림을 불태워 버리면 土가 할 일인 양육(養育)의 덕(德)을 갖지 못하기 때문이다. 겨울의 얼어붙은 땅을 火가 녹여 주고 따뜻하게 해준다면 火生土가 되지만 물기가 필요한 논밭의 흙에 火가 온다면 이 또하 火剋土로도 바뀔 수 있다.

③ 土生金

땅에는 금, 은, 철, 구리, 바위 등의 광물이 있고 이들은 땅에서 나온다. 따라서 일반론에서는 土生金이라고 한다. 그러나 土가 金을 도와주고 낳아 주는 관계만 맺고 있을까. 만일 거대한 산에 한 개의 보석이 있다면 보석인 金은 土에 묻혀 버리고 말 것이다. 따라서 이와 같은 경우는 土生金이라고 할 수 없고 土剋金이 된다.

④ 金生水

하천에 흐르는 물이나 하늘에서 내리는 빗물은 먹을 수 없다. 양질의 물은 바위틈에서 나오는 것이다. 따라서 金生水한다. 水에는 사람이 먹을 수 있는 맑은 물과 하천의 물 그리고 빗물이 있다. 金生水한다고 하지만 어떻게 金이 빗물을 만들어 낼 수 있겠는가. 바윗덩어리가 빗물을 만들지 못하므로 相生관계를 볼 때는 많은 분석을 要한다.

⑤ 水生木

나무에게는 태양이나 영양이 모두 필요하지만 물은 절대적이다. 물이 없으면 나무가 자랄 수 없다. 이같은 관계를 水生木이라 한다. 그러나 빗물은 햇빛을 가려 오히려 나무에 해를 끼칠 수 있고 홍수가 나서 강물이 넘치면 水剋木이 된다. 나무가 울창한 곳에서는 나무가 오히려 물을 다스리게 되고 이런 곳에는 물이 좋다.

2. 相剋

木剋土는 木이 뿌리를 내려 땅을 갈라지게 하고 농기구가 되어 땅을 파니 木이 土를 剋한다고 보지만 土는 木으로 하여금 비옥한 땅이 되고 뿌리로 얽어매어 갈라지지 않게 되니 木生土가 된다고 볼 수도 있다. 또 木이라고 하더라도 모든 木이 土를 剋할 수 있는 것은 아니다. 이른 봄의 연약한 작은 나무가 어떻게 土를 剋할 수 있겠는가. 이때의 木은 오히려 土로부터 양분을 취하므로 土가 木을 낳아 주는 것으로 봄이 타당하다.

相剋이라고 해서 모두 나쁘고 不吉하다고 보는 것 역시 옳지 못하다. 만약 木이 성장하려고 하는데 장마가 져서 木의 뿌리가 상하게 된다면 土로써 水를 剋하여야 한다. 즉 흙으로 제방을 쌓아 물이 넘치는 것을 막아주면 나무가 뿌리를 상하지 않고 잘 성장하여 좋은 결실을 보게 되는 것이다.

五行의 相剋관계를 유형별로 살펴보면 다음과 같다.

① 木剋土

木의 뿌리가 땅 속을 파고들어 땅을 갈라지게 하고, 材木이 된 나무가 농기구가 되어 땅을 일구고 뒤엎으니 木이 土를 剋하는 것이다. 이를 木剋土라 한다. 그러나 연약한 나무가 온실 속의 화초는 土를 剋할 수 없고 오히려 土에 의지하며 살아간다. 강하게 다져진 흙이나 높고 험한 돌산은 어떠한 木으로도 剋할 수 없으니 木이 모두 土를 剋하지는 못한다는 것을 알 것이다. 木의 氣가 쇠하여 낙엽이 지고 화초목이 命을 다하면 썩어서 흙으로 돌아간다. 土는 이와 같은 양질의 거름을 받아 더욱 비옥한 옥토가 되니 木이 오히려 土를 生함과 다름이 없다.

② 土剋水

물은 아래로 흐르는 것이 자연의 이치인데 감히 이것을 거역하고 물길을 바꾸고 물을 막아 흐름을 끊고 고이게 하는 것이 흙이다. 그러므로 土는 水를 剋하여 土剋水라 한다. 불은 물로 끄고 물은 흙으로 막는 것이 생활의 진리이듯이 五行의 이같은 이치도 인간의 생활과 밀접하게 연관된 것을 보면 命理學이 인간의 보다 윤택한 삶을 지향하고 있음을 알게 될 것이다.

일반론에서는 土剋水하여 水는 土를 꺼린다고 하지만 水는 土에 의하여 견제 받지 않으면 또한 쓸모없이 되고 추운 겨울에 土가 추위를 막아 水가 얼지 않게 하므로 土는 水를 剋하면서도 많은 도움을 준다. 土라고 하더라도 화분에 담는 흙이나 논밭의 흙은 水를 剋하지 못하고 높은 산이라고 하더라도 하늘에서 내리는 빗물은 어쩌지 못하니 土剋水가 절대적이지는 않다.

③ 水剋火

불을 끄는 것은 물이며 불은 물을 가장 두려워하니 水는 火를 剋하며 이를 水剋火라 한다. 그러나 火의 본질이 불꽃으로 태울 수 있는 火와 태양火가 있으니 강에 흐르는 물로는 태양火를 끌 수가 없고 다만 빗물이 태양을 가리는 경우는 있다. 또 빗물은 불을 끄지만 작은 양의 물은 불을 이기지 못하고 끓어서 증발하므로 火가 水를 剋하는 경우가 된다.

④ 火剋金

불은 金을 녹인다. 金에는 보석과 같은 金도 있고 무쇠나 바윗덩어리 같은 金도 있어서 火를 만나면 칼과 같은 무기가 되기도 하고 때로는 쓸모없는 쇠붙이가 되기도 한다. 따라서 火는 金을 剋하여 火剋金이 된다.

火剋金이라고 하더라도 火에는 태양火도 있어서 태양으로는 쇠붙이를 녹이지 못하니 절대적이라고 하지는 못한다. 金을 剋할 수 있는 火는 불꽃이 있는 火일 뿐이다. 태양火는 오히려 보석과 같은 金을 더욱 빛나게 할 수도 있고 어떤 경우에는 태양빛이 너무 아름답게 빛나 보석의 빛을 잃게 할 수도 있으니 이같이 오묘한 이치는 命理學을 더욱 깊이 연구해야 알 수 있으나 인간의 命을 판단하는데 필요한 내용들이다.

⑤ 金剋木

金은 무쇠와 같이 가공되지 않은 金과 칼, 톱, 주옥과 같이 가공된 金도 있다. 칼이나 톱, 도끼와 같은 金은 나무를 자르고 상하게 하므로 金剋木한다.

木 중에서도 화초목이나 유약한 木은 金을 보면 반드시 剋을 당하나 크고 단단한 木은 칼로 베어지지도 않고 작은 톱으로도 자르지 못하고 부러질 뿐이다. 木은 金을 만나 쓰러지지만 材木으로 쓰는 木은 오히려 金을 만나 다듬어져야만 제 몫을 하게 된다. 또 金은 木을 태운 불로 다듬어야만 훌륭한 도구가 되고 보석이 되므로 이같은 관계를 잘 알아야 五行의 이치를 알 수가 있다.

제3절 相互作用

상호작용은 일반적으로 五行의 相生相剋을 적용하며 또 예외적인 현상들을 설명할 때 주로 응용된다. 즉 金剋木하려 할 때 木生火하면 火가 金을 剋하며 木이 상처를 입지 않고 성장할 수 있다는 설명에서와 같이 金剋木 → 木生火 → 火剋金의 복잡한 생극현상을 표현하는 방식이 된다.

그러나 굳이 金剋木한다고 하더라도 金이 어떤 金인지(예를 들면 무쇠인지, 총칼인지, 작은 톱이지)를 바로 알고 木이 어떤 木인지(아름드리 소나무인지, 연약한 화초목인지)를 충분히 알 수 있다면 金剋木이 성립하지 않을 수도 있으므로 굳이 火를 끌어들여 설명하지 않아도 된다.

木이 金의 剋을 받을 때는 火를 生하여 金을 剋하도록 하면 된다. 그러나 火가 木을 불태우려 할 때는 水로 불을 꺼야 하지만 水는 木의 뿌리를 썩게 하므로 土를 이용해 水를 剋해야 한다. 또 水가 火를 剋하려 할 때에 土를 生하여 水를 剋하도록 하면 水剋火 → 火生土 → 土剋水로 되어 火는 안전하다.

土는 木으로부터 剋을 당하므로 土生金하여 金으로 木을 剋하면 木剋土 →土生金 → 金剋木이 되어 土는 안전하다.

金은 火를 만나게 되면 水를 낳아 불을 끄니 火剋金 → 金生水 → 水剋火가 되어 金이 火剋金을 피할 수 있다.

水는 土剋水를 막기 위해 木을 生하여 土를 剋하도록 하니 土剋水 → 水生木 → 木剋土가 된다.

이와 같이 相生과 相剋이 순환되거나 교차하여 적용하므로써 剋을 피하여 온전하게 되고, 相生의 관계도 相剋이 되도록 작용하기도 한다.

제4절 旺衰

命理學徐에 의하면 旺衰를 세분하여 旺, 相, 休, 囚, 死로 구분하고 있다. 그러나 그것은 旺과 衰의 중간 단계를 표시한 것에서 그치고 실용적으로 응용되지는 못하고 있다. 身弱과 身强도 旺衰와 같은 표현이라고 본다.

이처럼 氣를 가진 만물에는 旺과 衰가 있으니 오행에도 같은 이치로 旺衰가 존재한다. 오행의 旺衰는 相生과 相剋에도 영향을 미쳐 衰한 木이 旺한 土를 剋하지 못하게 하고, 오행의 陰陽에도 영향을 미쳐 陰을 더욱 작고 약하게 만들기도 하며, 陽을 더욱 크고 강하게 만들기도 한다. 따라서 오행의 旺衰에 대한 명확한 인식은 오행의 변화를 판단하는 중요한 요소가 되며 命을 보고 命理를 깨닫는 데에도 중요한 기능을 한다.

① 木

봄의 木이 가장 旺하다고 하나 아직 겨울 寒氣가 남아 있고 더욱 어린 묘목이므로 잘 살려야 한다. 여름의 木은 火가 旺하니 자연히 衰해지고 가을에도 金의 剋을 받아 衰하니 겨울에는 다음 해의 봄을 기다리는 희망이 있고, 水生木하므로 旺하다.

② 火

火는 여름에 가장 旺하나 봄에는 여름을 기다리는 희망이 있고 木生火하므로 旺하다. 가을에는 火를 生해 주는 木이 衰하니 따라서 衰하고 겨울에는 水가 火를 끄고 춥기 때문에 가장 衰하다.

③ 土

土는 계절과 큰 관련이 없으나 여름에 旺하고 봄, 가을, 겨울에는 衰하다. 그러나 辰, 戌, 丑, 未月에는 土가 가장 旺함을 알 수 있다.

④ 金

가을에 가장 旺하며 土生金하므로 辰, 未, 戌, 丑月에도 旺하다. 여름에는 火剋金하여 衰해지고 겨울과 봄에도 衰함을 벗어나지 못한다.

⑤ 水

겨울에 가장 旺하고 가을에도 金生水하므로 旺하다. 그러나 봄에는 水生木하여 氣를 빼앗기기 때문에 衰하며 여름과 辰, 戌, 丑, 未月에는 土剋水하여 가장 衰하다.

제 5 장
合冲論

제5장
합충론(合冲論)

合은 陰과 陽으로 만나 다른 五行으로 변하는 것이며 冲, 刑, 破, 害는 相剋과 같이 서로 화합하지 못하고 죽도록 싸우는 관계에 있으며 이 중에서도 강도가 높은 것은 冲으로 본다.

天干은 天干끼리 地支는 地支끼리 서로 合하여 본질적인 五行이 다른 五行으로 변화되는 것을 干合五行이라고 한다.

1. 干合

甲己合土, 乙庚合金, 丙辛合水, 丁壬合木, 戊癸合火로 변하였는데 이들은 각각 불만족스럽다. 예를 들어 丙辛合水의 경우 丙日干에 辛이 合하던 辛金日干에 丙火가 合하던 서로를 묶어 버리므로 각자의 본분을 다할 수 없다. 丁壬合의 木의 경우 丁壬合은 음란하다고 하듯이 서로에게 빠져 제 할 일을 아낳고 색을 탐함으로 좋지 않다.

戊癸 역시 戊日에 癸가 合하면 火가 되는데 나무가 자라야 할 땅에

비가 오며 햇빛(丙)을 가지는 격이므로 좋지 않고 癸日에 戊가 오면 비를 막는 일을 한다.

또 乙庚合은 金이다. 乙日干에 庚金이 日干에 있으면 乙이 쓰러지고 庚日干에 乙月干에 있으며 乙이 상하여 오직 庚만 남으니 그 庚金만 남으니 乙庚合은 金이 되며 두 가지 모두 吉하지 못하다.

2. 支三合

申子辰이 三合하여 五行은 水가 되고 巳酉丑이 三合하여 金, 寅午戌이 三合하여 火, 亥卯未가 三合하여 木이 된다.

그런데 위의 三合외에도 申辰, 申子, 子辰 등 두 개의 地支도 三合으로 또 五行도 함께 인정된다.

위와 같은 방법으로 4개의 三合이 이루어지는데 이를 도표로 보면 다음과 같다.

◆ 地支 三合 ◆

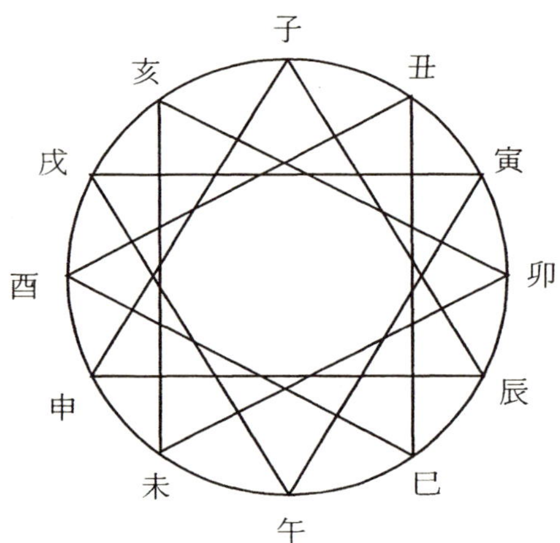

아래와 같이 두 개씩만 결합하여 合을 이루는 경우를 半合 또는 集三合이라고도 하는데 일반적인 命理學書에서는 合의 강함과 약함을 달리 표시하고 있으니 주의를 요한다. 合의 강약을 도표로 보면 다음과 같다.

◆ 三合의 강약 순위 ◆

局	1	2	3	4
木局	亥卯未	亥卯	亥未	卯未
火局	寅午戌	寅午	寅戌	午戌
金局	巳酉丑	巳酉	巳丑	酉丑
水局	申子辰	申子	申辰	子辰

3. 地支方合

方合은 말 그대로 方位를 표시하는데 계절도 함께 나타낸다. 동쪽은 봄이고 남쪽은 여름, 서쪽은 가을, 북쪽은 겨울이므로 동쪽을 가리키는 합은 당연히 봄과 함께 봄의 五行인 木도 함께 표시한다.

三合과 마찬가지로 3개의 地支가 모여서 合이 되는데 三合은 地支의 특성 중에서 필요한 것끼리 짝을 이루나 方合은 같은 종류, 즉 친·인척끼리 合을 이루게 된다. 따라서 方合은 그 중요성에 있어 三合보다는 뒤떨어지나 반드시 알아두어야 할 기초적인 것이므로 간략하게 설명하기로 한다.

方合을 이루는 방법은 월별로 차례대로 3개의 地支가 결합하게 되므로 쉽게 이해할 수 있다. 월별 地支는 앞에서 이미 설명한 바와 같으므로 생략하고 계절별로 地支를 보면 봄인 1, 2, 3월은 寅, 卯, 辰이고, 여름인 4, 5, 6월은 巳, 午, 未이며, 가을인 7, 8, 9월은 申, 酉, 戌이며, 겨울인 10, 11, 12월은 亥, 子, 丑이다.

따라서 寅卯辰, 巳午未, 申酉戌, 亥子丑이 각각 4개의 方合을 이룬다. 方合은 3字 중 1字라도 四柱의 月支에 있어야 하는데 만약 月支에 1字도 걸리지 않으면 方合이라고 볼 수 없다. 方合이 이루어지는 관계를 그림으로 보면 다음과 같다.

寅卯辰合 – 木, 동쪽, 봄

巳午未合 – 火, 남쪽, 여름

申酉戌合 – 金, 서쪽, 가을

亥子丑合 – 水, 북쪽, 겨울

◆ 地支方合 ◆

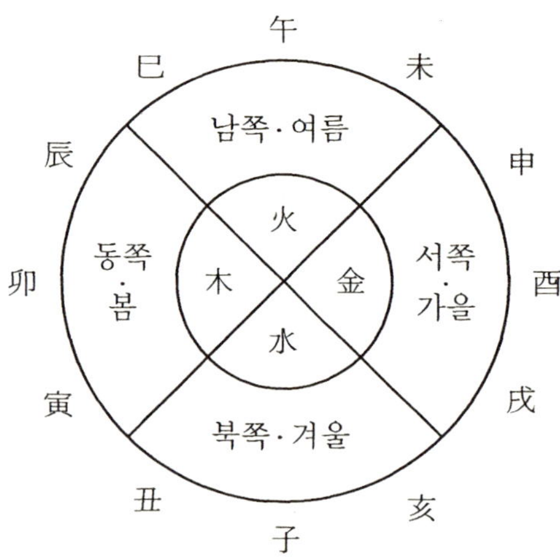

甲과 庚이 冲인데 庚은 金이고 甲은 木이므로 庚이 甲을 剋하는 것이며 둘은 모두 陽의 氣를 가지고 있음을 알 수가 있다.

이와 같이 冲은 서로 剋하는 같은 陰陽의 天干이므로 싸우고 미워함은 당연한 것이다. 마치 막대자석의 양극과 양극이 서로 밀어내는 것과 같은 현상이라 할 수 있다. 天干合은 두 개의 天干이 合하여 다른 五行으로 변하는 데 비하여 冲은 변화하지 않는 것이 가장 큰 차이점이라 할 수 있다.

干冲이 이루어지는 모양을 그림으로 보면 다음과 같다.

◆ 干冲

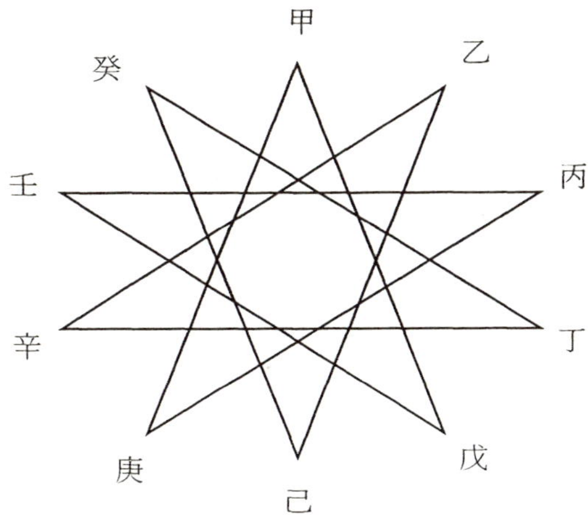

▲ 地支冲

子水는 午火와 冲이 되고

丑土는 未土와 冲이 되며

寅木은 申金과 冲이 된다.

卯木은 酉金과 冲이 되고

辰土는 戌土와 冲이 되며

巳火는 亥水와 冲이 된다.

제 6 장
大運 정하는 法

제6장
大運 정하는 法

제1절 대운

大運은 十年 단위로 바뀌게 되는데 生月의 干地를 기준하여 정한다.

大運에는 순국(順局)과 역국(逆局)이 있는데 順局이란 六十甲子의 순서로 정해지는 것을 말하며 逆局이란 逆으로 거슬러 올라가는 것을 말한다. 즉 順局이란 男子는 陽, 女子는 陰으로, 逆局은 男子는 陰, 女子는 陽으로 구별이 된다.

다시 말하여 生年이 甲丙戊庚壬 등 天干을 가진 사람은 陽男 혹은 陽女라 하고 生年이 乙丁己辛癸의 天干을 가진 사람은 陰男 혹은 陰女라 한다.

그러므로 男子陽干生과 女子陰干生은 順局이므로 月干의 다음 地支에서 順으로 정하고 男子陰干生과 女子陽干生은 逆局이므로 生月 月干 다음의 地支에서 반대로 大運을 배치해 나가면 된다.

<例 1> 五月 八日 卯時生 男子

時 日 月 年
丁 己 庚 甲
卯 未 午 子

丙 乙 甲 癸 壬 辛 大
子 亥 戌 酉 申 未 運

이 사주는 陽男이므로 順局이다. 月柱 庚午를 기준하면 다음 干支가 辛未이기 때문에 계속하여 壬申, 癸酉, 甲戌, 乙亥, 丙子 순으로 大運을 적어나가면 된다.

<例 2> 甲子 五月 八日 卯時 女子

丁 己 庚 甲
卯 未 午 子

癸 甲 乙 丙 丁 戊 己 大
亥 子 巳 寅 卯 辰 巳 運

이 四柱는 陽女이다. 그러므로 逆局이라 한다. 月干을 기준하여 逆으로 배치하면 庚午전 干支가 己巳, 戊辰, 丁卯, 丙寅, 乙丑, 甲子, 癸亥 순으로 大運을 적어 나가면 된다.

<例 3> 乙丑 三月 三日 午時 男子

庚 己 己 乙
午 酉 卯 丑

癸 甲 乙 丙 丁 戊 大
酉 戌 亥 子 巳 寅 運

이 사주는 生年이 陰干이므로 陰男이라 해서 逆局이다. 己卯月干 3月生이나 3月節 淸明日 十二日이므로 前日月干인 己卯가 되는 것이며 逆局이므로 己卯前干支인 戊寅, 丁丑, 丙子, 乙亥, 甲戌, 癸酉로 大運을 정한다.

<例 4> 乙丑 三月 三日 午時 女子

庚 己 己 乙
午 酉 卯 丑

이 四柱는 天干이 乙丑年으로 陰女이다. 陽男陰女는 順局이므로 역시 月干 己卯를 기순 다음 天支로 大運을 기록해 나간다. 즉, 庚辰, 辛巳, 壬午, 癸未, 甲申, 乙酉로 진행한다.

이같이 大運은 順行하거나 逆行하면서 각각 10년씩의 運을 관할하는 것인데 大運이 바뀌는 시기는 行運歲數에 의하여 결정된다. 이 大運이 바뀌는 시기를 결정하는 數는 生日을 기준으로 하며 생일이 月의 어느 곳에 위치하는가, 즉 節入日로부터 며칠이 지난 후에 왔는지, 다음달

節入日의 며칠 전인지에 의해서 결정된다. 이 각각의 일수를 3으로 나눈 수가 바로 歲數가 되는데 이를 또 大運數라고도 한다.

順運인 경우는 생일로부터 다음 節入日까지의 수를 3으로 나누면 되고, 逆運인 경우는 지난 節入日부터 생일까지의 수를 3으로 나누면 되는데, 이때 나머지가 1이며 버리고 2면 歲數에 1을 더한다. 만일 생일이 지난 節入日로부터 7일이 지났고 다음 달 節入日이 22일 후라고 했을 때 順運이면 다음 節入日까지의 22를 3으로 나누어 7이 歲數가 되고, 逆運이라면 지난 節入日까지 7을 3으로 나누어 2가 歲數가 된다.

즉 順運인 경우 7세, 17세, 27세, 37세, 47세, 57세에 運이 바뀌게 되는 것이고, 逆運이면 2세, 22세, 32세, 42세, 52세, 62세에 運이 바뀐다.

예를 들어 54년 10월 15일 戌時生이면 四柱가 甲午, 乙亥, 庚午, 丙戌이며 陽年生 男命이므로 順運이다.

다음 節入日인 大雪이 28일 남았으므로 歲數는 9이며 月柱가 乙亥이므로 丙子가 처음에 온다. 따라서 9세에 丙子運이 지배하고 19세부터는 丁丑運이 지배하며 29세에는 戊寅運, 39세에는 己卯, 49세에는 庚辰, 59세에는 辛巳運이 각각 지배하며 運命을 결정한다. 四柱와 大運을 표시하는 데 특별한 방식이 있는 것은 아니지만 일반적으로 오른쪽에서부터 年柱를 표시하거나 시작하고 大運도 같은 방법으로 쓴다. 위의 四柱와 大運을 표시하면 다음과 같다.

▲ 1954년 10월 15일 戌時 男子

丙 庚 乙 甲
戌 午 亥 午
59 49 39 29 19 9
辛 庚 己 戊 丁 丙
巳 辰 卯 寅 丑 子

大運은 크게 네 가지로 구분하는데 東方運, 南方運, 西方運, 北方運이 있다. 東方運은 寅卯辰이며 南方運은 巳午未이고 西方運은 申酉戌이며 北方運은 亥子丑이다. 大運을 정확히 잡는 것 역시 四柱를 세우는 것 못지 않게 중요한 것이니 많이 연습하여야 한다.

▲ 1959년 12월 13일 辰時生 男子

丙 戊 丁 己
辰 戌 丑 亥
52 42 32 22 12 2
辛 壬 癸 甲 乙 丙
未 申 酉 戌 亥 子

逆運인데 8일에 節入日인 小寒이 들었으므로 5를 3으로 나누면 1에 2가 남는다. 2를 반올림하면 歲數는 2가 되므로 2, 12, 22, 32, 42, 52살에 大運이 바뀐다. 또 月柱가 丁丑이므로 逆으로 짚어서 丙子, 乙亥, 甲戌, 癸酉, 壬申, 辛未가 된다. 또 하나 例를 들어보자.

▲ 1969년 3월 21일 戌時生 女子

庚 壬 己 己

戌 午 巳 酉

60 50 40 30 20 10

乙 甲 癸 壬 辛 庚

亥 戌 酉 申 未 午

女命에 陰年生으로 順運이다. 3월 20일에 4월의 節入日이 立夏가 들었으므로 4월의 干支를 쓰고 있는데 順運으로 5월의 節入日 芒種까지 30일이 남아 있어 歲數는 10이 된다. 月柱가 己巳이므로 庚午, 辛未, 壬申의 순으로 나가서 10세에 庚午 大運이 지배하고, 20세부터는 辛未 大運이, 30세부터는 壬申 大運이, 40세부터는 癸酉 大運이, 50세부터는 甲戌 大運이 각각 지배한다.

▲ 1957년 4월 2일 寅時生 女子

甲 癸 甲 丁

寅 酉 辰 酉

52 42 32 22 12 2

庚 己 戊 丁 丙 乙

戌 酉 申 未 午 巳

女命에 陰年生으로 順運이다. 立夏가 7일에 들었으므로 5일이 남는데 3으로 나누면 반올림하여 2가 된다. 順運이므로 月柱 甲辰에서 乙巳, 丙午, 丁未 순으로 運이 바뀐다. 따라서 2세에 乙巳, 12세에 丙午, 22세에 丁未, 32세에 戊申, 42세에 己酉, 52세에 庚戌이 된다.

제2절 소운(小運)

앞에서 大運이 運을 보는 데 중심이 된다고 하였듯이 小運은 다만 참고로 초년시절을 볼 때만 쓰이고 實用되지는 않는다. 그러나 초년의 運이 필요할 때를 대비하여 간단히 小運을 잡는 방법을 알아보기로 한다. 大運은 月柱에서 시작하지만 小運은 時柱로부터 시작한다. 順運인 경우는 時柱에서 六十甲子를 바로 짚어나가고 逆運일 경우에는 逆으로 짚어나간다.

만일 大運의 歲數가 5라면 1세부터 4세까지 4개의 小運이 쓰이고, 歲數가 10이라면 9세까지 9개의 小運이 각각 1년씩을 맡아서 본다.

▲ 1970년 2월 10일 午時生

甲 丙 己 庚
午 申 卯 戌

▲ 위의 四柱가 男命인 경우 順運이므로 大運은

56 46 36 26 16 6
乙 甲 界 壬 辛 庚
酉 申 未 午 巳 辰

와 같다. 따라서 小運도 順運이므로 時柱인 甲午부터 짚어나가면 乙未, 丙申, 丁卯, 戊戌, 己亥가 각각 다섯 살까지의 小運이 된다.

5	4	3	2	1
己	戊	丁	丙	乙
亥	戌	酉	申	未

만일 앞의 四柱가 女命이라면 逆運이 되므로 大運이

54	44	34	24	14	4
癸	甲	乙	丙	丁	戊
酉	戌	亥	子	丑	寅

와 같이 된다. 따라서 小運도 逆運이 된다.

3	2	1
辛	壬	癸
卯	辰	巳

제 7 장
六 神 論

제7장
육신론(六神論)

제1절 六神의 정의

六神은 비견(比肩), 겁재(劫財), 식신(食神), 상관(傷官), 편재(偏財), 정재(正財), 편관(偏官), 정관(正官), 편인(偏印), 인수(印綬)의 열 가지를 합칭 六神이라 한다.

六神은 生日의 天干을 中心으로 해서 生年, 月, 時의 干支와 生日의 地支로 대조하여 표출되는 것이다.

日干은 四柱의 主人公이며, 自身이니 自身의 五行으로 他 日干을 제외한 干支의 五行과 相剋 및 比和관계를 살펴 정해지는 것이다.

그리고 日干을 기준해서 生年, 月, 時의 天干을 대조하여 표시하는 六神을 天星이라 하고 日干과 地支 生年 月 日 時를 대조하여 표시되는 六神을 地星이라고도 칭한다.

참고로 比肩, 劫財 등 10개를 왜 十神이라고 하지 않고 六神이라고 하였는가에 대하여 比肩과 劫財는 五行 상 자신의 五行과 같으므로 격을 이루지 못하고 偏財와 正財. 偏印과 正印은 그 작용하는 바가 같으므로 偏財, 正財는 財星 통일하고 偏印과 正印은 印星으로 통일해서 六神은 食神, 偏官, 財星, 印星, 偏官, 正官의 여섯 가지만 격(格)에 넣어 六神이라고 칭한 것이다.

다음에는 六神이 표출되는 原理를 설명한다.

▲ 生我者 印綬(偏印, 正印)라 한다.
가령 日干에 甲乙木이라면 壬癸水가 印綬다.

▲ 我生者食傷 = 내가 生하는 五行을 食神 또는 傷官이라 한다. 가령 甲,乙木이라면 丙,丁火가 食神 傷官이다.

▲ 剋我者官殺 = 나를 剋하는 五行을 官殺(正官, 七殺 또는 偏官)이라 한다. 가령 甲, 乙木이라면 庚辛金이 正官 또는 七殺(偏官)이다.

▲ 我剋者妻財 = 내가 剋하는 五行을 妻財(偏財, 正財, 妻財)라 한다. 가령 甲乙木이라면 戊己土가 나의 正財 또는 偏財다.

▲ 比我者兄弟 = 나의 五行이 같은 것은 兄弟(比肩, 劫財)라 한다. 가령 甲乙木이라면 역시 甲乙木이 比肩, 劫財이다.

이상은 日干을 기준하여 陰陽을 따지지 않고 다만 生剋 관계만으로 六神을 정하는 요령인 것이다.

제2절 六神表出法

六神에 대한 설명에 앞서 六神을 어떻게 찾아내느냐 하는 문제를 먼저 거론하여야 하나 六神表出法이 그리 만만한 것이 아니기 때문에 六神의 정의부터 먼저 이해하도록 앞에 두었고 六神의 성격과 내용에 대해서는 다음에 다루도록 했다.

六神을 찾는 방법은 음양오행과 五行生剋 관계를 정확히 알고 있다면 매우 쉽다.

비견은 일간과 오행이 같고 음양도 같은 관계
겁재는 일간과 오행은 같으나 음양이 다른 관계
식신은 일간이 생해 주는 오행으로 음양이 같은 관계
상관은 일간이 생해 주는 오행으로 음양이 다른 관계
편재는 일간이 극하는 오행으로 음양이 같은 관계
정재는 일간과 극하는 오행으로 음양이 다른 관계
편관은 일간을 극하는 오행으로 음양이 같은 관계
정관은 일간을 극하는 오행으로 음양이 다른 관계
편인은 일간을 생해 주는 오행으로 음양이 같은 관계
인수는 일간이 생해 주는 오행으로 음양이 다른 관계

이같은 방법에 의해 각각의 六神이 되는 경우를 알아보면 다음과 같다.

① 비견

甲-甲, 乙-乙, 丙-丙, 丁-丁, 戊-戊, 己-己, 庚-庚, 辛-辛, 壬-壬, 癸-癸

② 겁재

甲-乙, 乙-甲, 丙-丁, 丁-丙, 戊-己, 己-戊, 庚-辛, 辛-庚, 壬-癸, 癸-壬

③ 식신

甲-丙, 乙-丁, 丙-戊, 丁-己, 戊-庚, 己-辛, 庚-壬, 辛-癸, 壬-甲, 癸-乙

④ 상관

甲-丁, 乙-丙, 丙-己, 丁-戊, 戊-辛, 己-庚, 庚-癸, 辛-壬, 壬-乙, 癸-甲

⑤ 편재

甲-戊, 乙-己, 丙-庚, 丁-辛, 戊-壬, 己-癸, 庚-甲, 辛-乙, 壬-丙, 癸-丁

⑥ 정재

甲-己, 乙-戊, 丙-辛, 丁-庚, 戊-界, 己-壬, 庚-乙, 辛-甲, 壬-丁, 癸-丙

⑦ 편관

甲-庚, 乙-辛, 丙-壬, 丁-癸, 戊-甲, 己-乙, 庚-丙, 辛-丁, 壬-戊, 癸-己

⑧ 정관

甲-辛, 乙-庚, 丙-癸, 丁-壬, 戊-乙, 己-甲, 庚-丁, 辛-丙, 壬-己, 癸-戊

⑨ 편인

甲-壬, 乙-癸, 丙-甲, 丁-乙, 戊-丙, 己-丁, 庚-戊, 辛-己, 壬-庚, 癸-辛

⑩ 인수

甲-癸, 乙-壬, 丙-乙, 丁-甲, 戊-丁, 己-丙, 庚-己, 辛-戊, 壬-辛, 癸-庚

이제는 十干 중 하나를 예로 들어 각각의 다른 十干과 어떻게 六神 관계를 갖는지를 알아보자.

甲을 일간으로 하여 六神을 찾아보면 다음과 같다.

甲 - 동일한 것이므로 비견이다.
乙 - 같은 오행에 음양이 다르므로 겁재
丙 - 木이 생하여 음양이 같으므로 식신
丁 - 木이 생해 주되 음양이 다르므로 상관
戊 - 木이 극하고 음양이 같으므로 편재
己 - 木이 극하되 음양이 다르므로 정재
庚 - 木을 극하고 음양이 같으므로 편관
辛 - 木을 극하고 음양이 다르므로 정관

壬 - 木을 생해주고 음양이 같으므로 편인

癸 - 木을 생해주고 음양이 다르므로 인수

六神을 찾는 방법에 대해서는 이상의 설명으로 충분하리라고 믿는다. 六神을 빠르고 정확하게 찾아내는 것은 命을 정확하게 감정하는 것과 같으므로 잘 숙지해 두어야 한다. 또 早見表에 의해 찾을 수 있는데 조견표는 아래와 같다.

◆ 六神天干早見表 ◆

日干 通變	甲 日	乙 日	丙 日	丁 日	戊 日	己 日	庚 日	辛 日	壬 日	癸 日
比肩 (비견)	甲	乙	丙	丁	戊	己	庚	辛	壬	癸
劫財 (겁재)	乙	甲	丁	丙	己	戊	辛	庚	癸	壬
食神 (식신)	丙	丁	戊	己	庚	辛	壬	癸	甲	乙
傷官 (상관)	丁	丙	己	戊	辛	庚	癸	壬	乙	甲
偏財 (편재)	戊	己	庚	辛	壬	癸	甲	乙	丙	丁
正財 (정재)	己	戊	辛	庚	癸	壬	乙	甲	丁	丙
偏官 (편관)	庚	辛	壬	癸	甲	乙	丙	丁	戊	己
正官 (정관)	辛	庚	癸	壬	乙	甲	丁	丙	己	戊
偏印 (편인)	壬	癸	甲	乙	丙	丁	戊	己	庚	辛
印綬 (인수)	癸	壬	乙	甲	丁	丙	己	戊	辛	庚

◆ 六神地支早見表 ◆

日干 / 通變	甲日	乙日	丙日	丁日	戊日	己日	庚日	辛日	壬日	癸日
比肩(비견)	寅	卯	巳	午	辰戌	丑未	申	酉	亥	子
劫財(겁재)	卯	寅	午	巳	丑未	辰戌	酉	申	子	亥
食神(식신)	巳	午	辰戌	丑未	申	酉	亥	子	寅	卯
傷官(상관)	午	巳	丑未	辰戌	酉	申	子	亥	卯	寅
偏財(편재)	辰戌	丑未	申	酉	亥	子	寅	卯	巳	午
正財(정재)	丑未	辰戌	酉	申	子	亥	卯	寅	午	巳
偏官(편관)	申	酉	亥	子	寅	卯	巳	午	辰戌	丑未
正官(정관)	酉	申	子	亥	卯	寅	午	巳	丑未	辰戌
偏印(편인)	亥	子	寅	卯	巳	午	辰戌	丑未	申	酉
印綬(인수)	子	亥	卯	寅	午	巳	丑未	辰戌	酉	申

앞서도 언급했지만 六神을 찾을 때 地支의 음양오행에 주의하라고 했는데 실제로 몇 개의 四柱를 통해 六神을 찾는 연습을 하도록 하자.

時	日	月	年
壬	戊	丁	壬
戌	申	未	寅

위의 四柱에 日干이 陽土이므로 年干 壬은 戊가 剋하는 것으로 음양

이 같으므로 편재가 되고, 月干인 丁은 戊를 生해 주며 음양이 다르므로 인수가 되고 時干인 壬도 편재가 된다. 그런데 地支의 寅, 未, 申, 戌은 각각 陽木, 陰土, 陽金, 陽土이므로 寅은 편관, 未는 겁재, 申은 식신, 戌은 비견이 된다. 따라서 위의 四柱는 年干은 편재, 年支는 편관이며 月干은 인수, 月支는 겁재가 된다. 또 日支는 식신, 時干은 편재, 時支는 비견이 되어 다음과 같이 표시된다.

時	日	月	年
壬(편재)	戊	丁(인수)	壬(편재)
戌(비견)	申(식신)	未(겁재)	寅(편관)

또 하나의 예를 들어 보면 다음과 같다.

時	日	月	年
丁	丙	甲	癸
酉	辰	寅	亥

年柱의 癸는 丙火를 剋하며 음양이 다르므로 정관이고, 亥는 丙火를 剋하며 음양이 같은 壬水이므로 편관이 된다. 月柱의 甲은 丙火를 生하며 음양이 같으므로 편인이고, 寅도 丙火를 生하고 음양이 같으므로 편인이 된다. 日支의 辰은 丙火가 生해 주고 음양이 같으므로 식신이 된다. 時柱의 丁은 丙火와 같은 오행이되 음양이 다르므로 겁재가 되고, 酉는 丙火가 剋하며 음양이 다르므로 정재가 된다.

時	日	月	年
丁(겁재)	丙	甲(편인)	癸(정관)
酉(정재)	辰(식신)	寅(편인)	亥(편관)

제3절 六神의 이해

十干을 이해하고 응용하는데 부수적으로 필요한 原理라는 점에서 六神을 체계적으로 다루고 있으므로 六神의 命과 관계에 대하여 알아보자.

1. 비견(比肩)

日干은 五行은 물론 陰陽이 같은 것을 比肩이라 하였으니 比肩은 곧 人間과 兄弟지간이다.

사람의 일상생활에서는 형제친지가 많으면 좋은 것으로 보지만 四柱 구성상에 형제가 많은 것, 즉 比肩이 많은 것은 좋지 않은 것으로 본다. 밥 한 그릇을 놓고 서로 차지하기 위해 다투게 되기 때문인데, 이와 같이 比肩이 많으면 四柱상에서 계속 다투게 된다. 또 같은 氣가 모여 日主가 강해지는 까닭에 고집이 세고 자존심이 강하다. 比肩은 편재를 剋하는 관계에 있으므로 재물이 쌓이지 않는 문제도 있다.

男命에 比肩이 있으면 재성을 剋하여 조실부모하고 고아가 되거나 처를 剋하여 상처하게 되고 재물을 모을 수 없다. 女命의 경우에도 官, 즉 夫를 잃어버리고 소실을 맞게 되거나 자신이 첩이 될 것이고 재물을 쌓지 못한다.

그러나 재성이 너무 많아 혼자서 剋하기 힘들 때는 같은 편이 되어 고락을 같이하며, 官殺이 혼잡하여 기력이 부족할 때 역시 比肩의 힘을 빌리게 된다. 이같은 경우에는 比肩이 용신이 되어 형제나 친구의 도움을 많이 받는다.

2. 겁재(劫財)

劫財는 나의 재물을 빼앗아 가는 것이니 좋지 못하다. 가정에서는 자매가 되나 印星이 많을 때에는 이복형제도 된다. 그 작용은 比肩과 같은 점이 많으나 凶함이 더 심하고 싸움의 정도가 강하다. 만일 正財가 있으면 劫財가 七煞이 되므로 상처하는 불행이 있을 수 있으며 친구 간에도 불화를 낳는다.

四柱 중에 劫財가 특히 많으면 배우자를 剋하고 구설수에 오르며 특히 男命의 경우 比肩, 劫財가 많으면 화류계의 여자를 아내로 맞는 경우도 있다.

四柱 중 한 기둥이 모두 劫財이면 부친을 일찍 사별하고 부부 이별도 있으며 타인과 공동사업을 하면 반드시 파탄이 있게 된다. 四柱 중 두 개의 기둥에 劫財와 양인이 같이 있으면 겉모양은 화려해도 속이 실하지 못하며 혼담이 깨지기 쉽고 재물로 인하여 화를 당하며 가정이 적막하다.

3. 식신(食神)

먹을 것을 제공해 주는 자이므로 食神이라 하는데 財의 근원인 財의 母가 되니 남자에게는 장인, 장모가 되고 여자에게는 자식과 친정의 조카 등이 해당한다.

食神은 의식주가 풍부함을 의미하고 소득, 봉록, 자산, 가재 등이 윤택함을 나타낸다. 또 신체가 풍미하고 성질이 명랑하고 화창하므로 복이 많은 六神이다.

食神이 用神인 경우 의식이 풍부하고 재물이 여유가 있으며 편안한 생활을 하게 되니 장수할 命이다. 관직을 갖지 않아도, 돈벌이를 하지 않아도 넉넉히 살 수 있다. 그러나 食神이 너무 많아 日主가 약해지면 오히려 구걸해서 먹고사는 사람이 되고 만다. 女命의 경우 食神은 자손인데 너무 많으면 자식 때문에 먹을 것도 못 먹고 남편에게 소홀하여 결국 버림받게 된다.

4. 상관(傷官)

자신의 官星을 상해하는 것이 傷官이다. 즉 甲日主의 官星이 庚辛金이므로 이를 剋하는 丁火가 傷官이 된다.

傷官은 祖母 또는 외조부를 나타내고 남자에게는 첩의 어머니 여자에게는 자식이다. 교만하여 사람을 얕보는 특성이 있고, 비록 내심은 온정이 있고 예술적 소질이 있더라도 타인의 오해와 비방을 받기 쉬우며 세인의 반대, 해, 경쟁, 失權, 소송 등을 야기하기 쉽다. 만일 四柱에 印綬나 偏印이 있으면 흉함이 덜하나 比肩, 劫財가 있으면 흉함이 극해진다. 四柱에 傷官이 많으면 자식을 극하나 신왕하면 종교, 예술가 또는 음악가로서 명성을 얻는다.

傷官만 있고 印綬가 없으면 욕심이 많고, 재(財)가 없으면 잔재주는 있어도 가난하다. 傷官과 劫財가 같이 있으면 재산을 목적으로 결혼하는 탐욕에 찬 사람이다.

5. 편재(偏財)

偏財는 남자에게는 아버지 또는 처를 의미하고 여자에게는 아버지, 시어머니, 재물을 의미한다. 특성은 강개(慷慨)의 정신이 있고 좀 변굴

(變屈)한 점이 있으나 담백하고 꾸밈없는 성격이다. 재복이 많아 보이지만 산실(散失)도 많고 빠르기 때문에 다만 금전의 출입이 빈번함을 의미한다고 보는 것이 옳다. 의로운 일에는 돈을 아끼지 아니하며 돈복과 여자복은 많으나 이로 인하여 재앙을 당하는 수도 있다. 男命은 풍류가 있어 첩을 두고 여난(女難)을 당하기 쉽고 女命은 부친이나 시어머니 때문에 고생한다. 四柱에 偏財가 많으면 욕심도 많고 정도 많으며 타향에서 성공하고 年柱가 모두 偏財면 양자로 간다. 月柱에 있는 것이 가장 좋은 형상을 이루는 것이다.

6. 정재(正財)

명예, 번영, 자산 또는 신용을 의미하며 길(吉)함과 복(福)이 있다. 정의와 공론(公論)을 좋아하며 시비를 분명히 가릴 줄 알고 의협심이 강하다. 명랑하고 결혼운이 좋으나 주색에 빠질 염려가 있다.

月支에 正財가 있으면 단정하고 인망이 있으며 매사를 성실하고 원만하게 처리한다. 일반적으로 검소하고 절약하나 때로는 인색하다.

四柱에 正財가 많으면 정이 많아 재산을 잃게 되고 엄처시하에 있게 된다. 또 어머니와 이별하기 쉽고 신약하면 배운 것이 많아도 가난하게 살아간다.

正財는 天干에 있는 것보다 地支에 있는 것이 좋으며 月支에 있는 것을 최고로 치는데 이때는 호문숙녀(豪門淑女)를 아내로 맞는다. 時干에 있으면 성격이 조급하나 자수성가하여 성공하며 처복이 있다.

四柱 중에 正財와 比肩이 있고 正財가 도화살 또는 목욕(沐浴)과 같은 기둥에 있으면 그 처가 다정하여 부정을 저지르게 된다.

女命이 正財와 정관, 印綬가 있으면 材色을 겸비하나 正財만 많으면 빈천하고 印綬가 많으면 음란하여 천부(賤婦)가 된다.

7. 편관(偏官)

偏官은 일명 칠살(七煞)이라 남자에게는 자식, 여자에게는 정부(情婦) 또는 남편의 형을 의미한다.

偏官의 특성은 權柄, 완강(頑剛), 투쟁, 성급함, 흉포, 고독 등이다. 사람에 따라서는 권력을 믿고 행패를 부려 비난을 사는 경우도 있으나 여러 사람의 두목, 군인 또는 협객(俠客)이 될 가능성이 많다. 四柱 중에 食神이 있으면 흉포함이 억제되어 吉하나 偏財가 있을 경우에는 흉포하다.

偏官이 年柱에 있고 장남이면 부모에게 불행을 주며 태어났고 日支에 있으면 조급한 성질이지만 영리하고 총명하다. 時柱에 있으면 성질이 강직하고 불굴의 기상이 있다.

四柱에 관살이 있으면 잔꾀에 능하고 호색다음(好色多淫)하여 뜻하지 않은 재난을 수차 당하며 잔 근심이 그치지 않는다.

偏官이 많으면 남편 외에 정부를 두고 은밀히 즐기며 정관이 또 있으면 재가할 命이고, 偏官이 다섯 개면 娼婦를 능가하여 서방을 맞는다고 한다. 女命인 경우 偏官은 남자를 뜻하므로 정관이나 偏官이 하나만 있는 것이 가장 좋다. 관살이 혼잡되고 또 삼합을 이루면 음란하여 남편과 정부를 구분 못하고 친소관계를 넘어 정사를 한다. 정관, 偏官이 같은 기둥에 있으면 자매가 한 남편을 서로 다툰다.

8. 정관(正官)

正官은 남자에게는 자식과 조카를 의미하고, 여자에게는 남편[正夫]과 祖母를 의미한다.

품행이 단정하고 윗사람을 깍듯이 받들 줄 안다. 家係가 정통성이 있고 명예와 신용을 중히 여기며 자비심이 많고 용모가 수려하며 인품이 좋다.

이같이 正官은 吉함을 나타내는 육신이지만 四柱에 너무 많이 있으면 오히려 해롭기 때문에 어려운 일들이 많으며 여자는 일부종사가 어렵다. 四柱에 正財나 偏財가 있을 때는 길한 작용이 많으나 傷官이 있으면 오히려 권위와 명예가 손상되며 상승이 없고 자식에게 해로운 일이 생긴다. 正官이 지나치게 많으면 가계가 풍족치 못하며 큰 재앙을 겪는다.

年柱에 正官이 있으면 차남이라고 하더라도 일가의 후계자가 되며 청년 시대부터 발복하는 경향이 있다. 月支에만 正官이 있으면 大富大貴하다. 日支에 있으면 자수성가하며 성질이 영민하여 임기웅변에 능한 재주가 있고 현처와 인연이 닿는다. 正官이 있으면 대체로 용모가 아름답고 목소리가 맑다.

女命의 경우 형(刑), 충(冲), 파(破), 해(害)와 傷官 및 偏官이 없고 正官과 재만 있으면 남편덕이 좋다.

9. 편인(偏印)

일반적으로 偏印을 생모가 아닌 계모라고 보지만 앞에서 설명한 바와 같이 자신을 낳아 준 생모로 보는 것이 맞다.

偏印의 특성은 복수(福壽)를 해치고 食神을 파극한다. 이 때문에 偏印을 도식(倒食)이라고 부르기도 하는데 偏印은 또한 파재(破材), 실권(失權), 병재(病災), 이별(離別), 고독(孤獨), 박명(薄命), 색난(色難)을 의미한다. 따라서 사주에 偏印이 많으면 어떤 형태든 불행이 찾아온다.

성격도 처음엔 부지런하나 곧 권태를 느끼고 태만하여져서 매사를 용두사미로 끝내기 쉽다. 도량은 넓으나 변덕이 심하고 偏業에 적합하여 학자, 예술가, 의사, 승려, 배우 등으로 성공한다. 偏印이 관살을 만나면 이같은 특성이 강하게 작용하고 偏財를 만나면 약해진다.

四柱 중에 偏印이 많으면 일찍 부모와 이별하고 처자식과도 인연이 박하며 재화가 있거나 명예를 해치는 일이 많은데 女命인 경우 더욱 심하게 나타난다.

月支에 偏印이 있으면 의사, 배우, 운명가, 이발사 등이 적합하나 食神이 또 있으면 손윗사람의 방해를 받으며 신체가 허약하다. 日支에 偏印이 있으면 남녀를 불문하고 결혼운이 나쁘며 다시 사주에 食神이 있으면 어릴 때 어머니의 젖이 부족했다.

女命에 偏印이 많고 食神이 있으면 자식에게 해가 많고 유산과 같은 산액(産厄)이 따른다.

10. 인수(印綬)

印綬는 지혜, 학문 및 총명 등의 특성이 있으므로 印綬가 있으면 자기 멋대로 하는 결점이 있기는 하나 인의(仁義)를 알고 자비심이 있으며 또 종교를 경신하고 군자 및 대인의 품격을 갖추고 있다. 사람됨이 어질고 여러 사람을 보살펴 주는 사람이니 덕망을 갖추었다고 본다. 四柱에 正財가 있으면 이같은 印綬의 작용이 약해지고 正官이 있으면 반대로 강하게 작용한다.

四柱에 印綬가 너무 많으면 男命은 처와 이별할 수 있으며 자식이 많지 않고, 있는 자식이 불효한다. 여명은 어머니와 이별한다. 月柱에 印綬가 있고 이것이 형충되지 않으면 문장으로 명성을 높일 수 있으며, 月支에 있으면 그런 경향이 더욱 많아지고 성질이 온후하며 총명하고 말이 적으며 용모와 인격이 고상하다.

사주에 印綬가 있으면 자식복이 있으며 본인은 교묘한 재주가 많다. 印綬가 많이 있으면 예술가로 이름을 떨치나 고독한 경향이 있다. 印綬와 比肩이 同柱하면 형제 또는 친구를 위해 헌신적이며, 여기에 劫財도 있으면 헌신적으로 도와줘도 결과가 나쁘다. 印綬와 관살이 동주하면 名利가 많고 여자는 남편과 자식복이 있다. 印綬가 왕성하고 신왕하면 주색을 좋아한다.

女命의 경우 印綬가 많으면 남편과 일찍 이별하고 자식과도 인연이 없으며 시부모와도 사이가 나쁘다. 또 印綬가 있고 正財가 많으면 음란하거나 천부(賤婦)가 되며 傷官이나 양인이 동주하면 父子와 인연이 없다.

제4절 격국론(格局論)

格局은 四柱의 구조라고 하였다. 따라서 格局에 의해 用神이 결정된다. 용신은 말 그대로 긴요하게 쓰이는 六神이며 반드시 필요한 것이다.

四柱는 나를 중심으로 세계와의 관계, 세계와의 작용을 밝히는 것이다. 그러므로 주인인 나 자신이 임금이 되고 격국은 그 나라의 체제가 되며 용신은 나라를 이끌어 가는 인재이며 임금인 나를 보필하는 신하이다. 나라를 잘 다스려야 어질고 훌륭한 임금이 되는데 잘 다스리기 위해서는 유능한 인재를 등용해서 적재적소에 배치해야 한다.

時	日	月	年
丙	戊	丁	己
辰	辰	卯	未

위의 四柱에서 일반적으로 旺한 土를 극하기 위해 卯木을 용신으로 보며 正官格이라고 한다. 그러나 본서에서 필자는 丙火와 辰土를 용신으로 본다. 왜냐하면 卯月의 戊土는 아직 만물을 생장하게 할 氣를 완전히 갖추지 못하였으므로 따뜻한 햇볕이 무엇보다 필요하고 기름진 辰土가 있어야만 甲木을 키우는 본래의 사명을 다할 수 있기 때문이다.

1. 격국(格局)

격국은 일반적으로 內格과 外格으로 크게 나눈다. 내격은 기본적인 상식선 상에서 운영되는 사주구조로 대략 80%의 사주가 여기에 속한다. 앞에서 육신론(六神論)을 공부하며 살핀 10개의 六神 중 식신, 상관, 편관, 정관, 편재, 정재, 편인, 인수의 8가지에 건록과 양인을 합쳐 10개의 격이 되는데 이것을 내격이라고 하며 십정격(十正格)이라고도 한다.

격국을 판단하는 법은 日干이 12월 중 어느 달에 태어났는가를 찾으면 된다. 이 방법은 내격에 해당되는 것인데 日干과 月支의 관계가 六神상 比肩이면 건록격이고 劫財면 양인격, 식신이면 식신격, 상관이면 상관격이 되며 이와 같은 방법으로 격국을 판단하면 된다.

2. 용신(用神)

용신은 日干을 도와주는 것인데 四柱 중에는 반드시 용신이 들어 있다. 그럼에도 불구하고 용신을 찾는 것은 쉬운 일이 아닌데 일반적으로 日干이 四柱상에서 신약한가 신강한가를 따져 신약하면 힘이 되어주는 것이 용신이 되고 신강하면 억누를 수 있는 것이 용신이 된다고 한다. 그러나 용신은 日干의 生旺剋制와 음양의 조화에 따라야 한다. 일반적으로 이용하고 있는 용신 찾는 법은 대체로 다섯 가지인데 다음과 같다.

① 억부법(抑扶法)

이는 日干이 신왕하면 억제하거나 설기(洩氣)하는 것을 용신으로 하고 반대로 신약하면 북돋아 주는 오행을 용신으로 삼는 것이다. 즉 日干이 甲木인데 甲乙木이 여러 개가 더 나와 있으면 木을 剋하는 金을 용신으로 삼고 반대로 金이 많아서 木이 약해지면 木을 生하는 水를 용신으로 쓴다.

② 병약법(病藥法)

신약한 사주에 日干을 生해 주는 六神을 剋하려는 六神이 있으면 이를 다시 破剋하는 六神을 용신으로 삼는 것인데 日干을 剋하는 六神을 病이라고 하고 病을 다시 剋하려 하면 丁火로써 金을 剋할 수 있도록 丁火를 용신으로 삼는다. 그런데 丁火는 金을 剋하는 동시에 甲木을 불태울 수 있으므로 신중하게 살펴야 한다.

③ 조후법(調候法)

四柱의 한습조열(寒濕燥熱)을 살펴서 추우면 데워 주고 뜨거우면 식혀 주고 젖어 있으면 말려 주고 메마르면 촉촉히 적셔 주는 것을 용신으로 삼는다.

즉 甲木 日干에 火가 많으면 水를 용신으로 쓰고 추운 겨울생이면 火를 용신으로 삼는다.

④ 전왕법(專旺法)

전왕법은 대세를 따르라는 것인데 어느 한 오행이 많으면 그 오행을 따라서 용신을 삼는 것이다. 대세를 거역하는 것 역시 자연의 이치를 벗어나는 것이기 때문에 이와 같이 용신을 잡도록 하는 것인데 실전에서는 많이 쓰이지 않는다.

⑤ 통관법(通關法)

마지막으로 통관법이 있는데 이는 세력을 형성하고 있는 두 개의 오행이 서로 싸우는 경우 이를 말리는 六神을 용신으로 삼는다.

이상에서 용신을 잡는 다섯 가지 방법을 소개하였는데 이를 다시 간추려서 실제의 간명(看命)에 반드시 필요한 것만을 제시하면 다음과 같다.

첫째, 日主가 약한 자는 생부(生扶)하는 자를 용신으로 취하여 印綬나 比劫을 써라.

둘째, 日主가 강한 자는 日主와 극되는 財星이나 官星을 취하라. 만약 剋됨이 지나치면 剋하는 자를 다시 剋하는 자가 용신이 되고 日主가 지나치게 강할 때는 洩氣함을 기뻐하니 食傷을 취하라.

셋째, 日主가 강하지도 약하지도 않으면 中和를 이룬 것이니 이때에는 財官을 취하라.

넷째, 八字를 살피는 데 평형 · 중화(平衡 · 中和)됨을 필요로 한다.

제5절 십정격(十正格)

내격인 正格에는 正官格, 偏官格, 正財格, 偏財格, 正印格, 偏印格, 食神格, 傷官格, 建祿格, 羊刃格의 10격이 있으므로 십정격이라고도 한다.

내격의 구성방법은 六神을 보는 법과 같다. 용신을 찾을 때는 日干의 오행상의 氣를 중심으로 보았고 六神은 五行의 상호작용을 중점으로 두었으나 격국을 정하는 것은 계절의 뿌리가 되는 月支의 해당 干이 天干에 있는 경우를 보는 것이므로 뿌리를 갖춘 완전한 氣를 찾는 것이라 할 수 있다. 따라서 月支와 같은 오행이 天干에 있느냐 없느냐를 먼저 판별한 후 四柱의 전체적인 氣를 보고 격국을 정한다.

첫째, 月支와 같은 오행, 즉 月支의 지장간을 보아 正氣에 해당하는 天干과 日干과의 관계가 편인이며 편인격, 정관이면 정관격이 된다.

다시 말해서 甲木 日干인데 月支에 辰이 있으면 辰은 戊土이다. 따라서 甲木이 戊土를 剋하는 편재이므로 편재격이 된다. 그러나 이때 戊土가 天干에 있어야 한다.

時　日　月　年
庚　甲　丙　戊
午　寅　辰　午

이 四柱에서 月支 辰이 정기인 戊가 있으므로 甲과 戊의 관계는 편재가 되어 편재격이 되는 것이다.

둘째, 月支의 정기가 없을 때는 中氣나 餘氣로 삼으면 되지만 격국은 강한 오행을 따르게 되어 있으므로 더 강한 오행을 따라 격국을 잡으면 된다.

셋째, 月支의 지장간이 하나도 나타나 있지 않은 경우에는 그대로 月支의 정기를 따른다. 즉 天干에 없어도 月支를 따른다는 것이다.

時　日　月　年
丙　庚　戊　庚
子　午　寅　子

위의 四柱에서 月支인 寅의 갑목이 없으므로 中氣인 丙火를 취하여 격국으로 삼으니 편관격이 된다.

마지막으로 다른 방법을 통해 격국을 찾기가 곤란하거나 四柱의 구조가 독특한 경우에는 융통성 있게 격국을 삼고 四柱 중 기세가 가장 강한 五行을 격국으로 삼으면 된다.

時　日　月　年
乙　壬　甲　戊
巳　辰　寅　戌

이와 같은 경우에는 甲木을 격국으로 보아 식신격이 된다. 위의 방법에 의하여 甲木 日主를 예로 들어 매월의 격국을 살펴보면 다음과 같다.

甲日이

寅月에 낳았으면 比肩이 되니 月建에 祿이 되어 건로격이 된다.

卯月이면 甲에 卯가 羊刃이므로 양인격이고

辰月이면 辰 중 戊土가 편재가 되니 편재격인데 柱 중의 戌의 冲이 있으면 잡기재관격(雜氣財官格)이 된다.

巳月이면 巳가 식신이 되어 식신격이며

午月에는 상관격이 된다.

未月은 정재격이나 柱 중에 丑土가 있으면 雜氣財官格이다.

申月은 편관격이며

酉月은 정관격이고

戌月은 편재격이다. 그런데 戌月의 四柱 중에 辰土가 있으면 잡기재관격이 된다.

亥月은 편인격이요

子月은 인수격이다.

丑月은 정재격인데 柱 중에 未土가 있으면 잡기재관격이다.

각각의 日干마다 맞이하는 月에 따라 다른 격국을 취하게 됨은 위에서 설명한 바와 같으나 각각의 격국이 어떤 의미를 갖고 있으며 命의 판단에 어떤 역할을 하고 있는지 알기 위해 이제 십정격(十正格)을 차례대로 하나씩 열거하며 설명하기로 한다.

1. 건록격(建祿格)

건록은 日干과 月支가 같은 五行이고 음양도 같은 경우이므로 비견과 같다. 甲日은 寅月, 乙日은 卯月과 같은 형태이다. 祿은 벼슬을 의미하는 것으로 벼슬길에 오름을 목적으로 한다.

건록격은 조상의 유산이 적고 혹 있더라도 털어먹고 자수성가하며 傷食과 財星이 있으면 재물을 모을 수 있고 官星이 있으면 반드시 財星이 있어야 한다. 만약 財官이나 傷食이 지위를 얻지 못하면 신왕무의(身旺無依)로 평생을 고생한다.

재성만 있고 傷食이 없으면 왕한 비겁을 洩氣하지 못하여 不吉하다. 관성도 없고 傷食도 없는데 재성만 있으면 比劫이 서로 다투는 바, 재성운을 만나면 大過가 生하니 처첩이나 재물에 재앙이 따른다.

時	日	月	年	
庚	辛	己	丁	癸甲乙丙丁戊
寅	巳	酉	亥	卯辰巳午未申

위 四柱는 건록격인데 寅亥가 있으므로 丁火 용신을 쓴다. 日主가 旺하고 丁火도 寅에 뿌리가 있으므로 재관이 旺한 운에 발전한다. 戊申運에서는 火가 약하므로 가난한 집에서 태어났고 학문은 부족하나 丙午運부터 공부하여 재물도 취득하니 약한 丁火가 남방의 火왕한 運을 만났기 때문이다.

2. 양인격(羊刃格)

양인격은 겁재와 같이 日干과 月支의 五行이 같으나 음양이 다른 경우가 된다.

甲日生이 卯月을 만나거나 乙日生이 寅月을 만나는 경우가 이에 해당하나 乙日干처럼 陰日干일 경우는 제외하고 甲日干에 卯月生, 丙日干에 午月生, 戊日干에 午月生, 庚日干에 酉月生, 壬日干에 子月生만 양인격으로 본다.

양인격의 男命은 처궁이 불길하고 女命은 남편宮이 불길하다. 양인은 七煞과의 合을 기뻐하며 권위있는 직업에 진출하여 법관이나 무관, 의사가 많다. 재물에 마음이 없어 破하니 七煞이 있으면 吉하고 양인이 旺한데 七煞이 약하면 財星이 필요하다. 官煞의 制伏함이 없든지 傷食의 洩氣함이 없으면 양인의 왕생운이나 墓운에 예측하지 못한 화가 생긴다. 약한 일주가 양인의 도움을 받는데 原局에 양인을 冲하고 운로에서 양인을 또 冲하면 큰 화를 당하는 수가 생긴다.

時	日	月	年	
庚	甲	丁	甲	癸壬辛庚己戊
午	辰	卯	子	酉申未午巳辰

위의 四柱는 양인격에 일주가 왕한 형태며 丁火가 午에 뿌리를 두고 있으니 木火通明格에 七煞이 用되어 양인과 合하므로 귀격이다. 時의 庚金이 약하나 辰土에 뿌리를 내리고 戊辰, 己巳運에 생기를 얻으므로 권력있는 집안에서 태어나 진학하고 庚午, 辛未運에 군인으로 이름을 떨치었으나 甲戌運에 庚金이 상하고 不吉한 일이 있다.

3. 식신격(食神格)

日干이 月支를 生하되 음양이 서로 같은 경우를 六神상 식신이라 하고 이 四柱를 식신격이라 한다.

甲日에 巳, 乙日에 午, 丙日에 辰, 戌 등의 형태가 식신격이 된다.

식신은 옷과 밥을 뜻하는데 생활의 기본이 되는 것들이다. 原局의 印星을 기뻐하고 印星運에 발달하며 身旺해야 吉하다. 그러나 인성이 많으면 재성이 있어야 하고 또 재성이 지나치면 관살이 있어야 吉하니 이는 모든 격국이 지나치거나 부족함을 피하고 중화됨을 원하는 것과 같은 이치라 하겠다.

時	日	月	年	
壬	乙	丙	丁	壬辛庚己戊丁
午	巳	午	酉	子亥戌酉申未

위의 四柱는 乙 日主가 午月에 태어났으므로 식신격이다. 火가 많으므로 日主가 신약한데 壬水가 있어 弱함을 면하나 초년에는 賤職에 종사하다가 辛亥運에 관직을 맡아 계속해서 관록을 먹는다.

4. 상관격(傷官格)

상관격도 식신과 같이 日干이 生하는 月支의 四柱를 말하는데 그 음양이 다를 뿐이다. 따라서 甲日은 午月, 乙日은 巳月이 된다.

상관은 말 그대로 관이 상한다는 뜻이므로 상관이 많거나 강하면 흉하다. 따라서 일주가 신왕해야 하며 재성과 인수가 같이 있으면 흉한 작용이 약해진다. 상관격은 재성이 있어야 吉한데 만일 재성이 없으면 기술자가 되거나 가난하게 일생을 보낸다. 상관격은 총명하고 출중(出衆)하여 문인 학자가 많으며 부귀도 이룬다.

그러나 성격이 오만하고 자기 주장만 내세우며 타인의 말을 무시하는 경향이 있다. 女命인 경우에 고집이 세고 남편덕이 없으며 도화살, 함지살 등의 흉살이 있으면 천한 일을 하였고 음란함이 있다.

時	日	月	年	
丁	庚	庚	丙	丙乙甲癸壬辛
亥	戌	子	子	午巳辰卯寅丑

위의 四柱는 庚 日主가 子月에 生하였으므로 상관격인데 天干에 丙丁火가 있어 관살이 혼잡하다. 그러나 말년의 乙巳, 丙午, 丁未 대운에 고위 관직에 올라 천하를 호령하고 富도 이루는 命이다.

5. 편재격(偏財格)

日干이 月支를 剋하되 음양이 같아 陰 日干에 陰 月支, 陽 日干에 陽 月支로 만나게 되면 이를 편재격이라 한다.

즉 甲 日干이 辰·戌 月支를 보거나 乙 日干이 丑·未 月支를 보는 경우, 또는 丙 日主가 申 月支를 보는 경우가 이에 해당한다. 日主가 왕하고 財星이 약하면 吉하고 또 日主가 약한데 財星이 왕하면 不吉하다. 편재는 그 작용이 크고 의기(義氣)가 있으며 재물을 쓰는데 주저함이 없어 기복이 심하다.

년, 월, 일에 정재나 편재가 없고 시에만 편재가 있을 때는 시상편재격(時上偏財格)이라 하는데 일주가 왕하고 식상운을 만나면 부귀를 크게 이룰 수 있다. 이때 일주가 약하면 印星을 만나야 하며 地支에 財星 金局을 꺼린다.

時 日 月 年
癸 癸 丁 丁　　　辛壬癸甲乙丙
丑 酉 未 卯　　　丑寅卯辰巳午

위 四柱는 年月에 丁이 있어 卯未가 生하고 日, 時에 癸가 있어 酉丑이 生하는 것으로 金水를 약하게 본다. 따라서 金水운은 吉하고 木火운은 不吉하다.

6. 정재격(正財格)

정재격도 편재와 같은 방법으로 이루어지나 그 음양만이 다르니 甲은 丑·未月支와 만나고 乙은 辰·戌月支와 만나서 정재격이 된다. 정재격은 재생관살(財生官殺)하므로 日主가 왕함을 필요로 하는 데 신왕하고 財가 약한 경우에는 식신, 상관으로 財를 生해야 한다. 반대로 신약하고 財多하면 이 또한 不吉하다.

時 日 月 年
庚 庚 己 乙　　　癸甲乙丙丁戊
辰 申 卯 未　　　酉戌亥子丑寅

위의 四柱는 庚日이 卯月에 태어났고 乙木이 天干에 있으므로 정재격인데 乙이 未, 卯, 辰에 뿌리내리고 있어 財旺하다. 다행히 庚日도 失令이지만 日에 건록이요, 비견은 生함을 받아 약함이 도리어 강해졌다고 본다. 이때 인수와 비겁운은 매우 흉하다.

7. 편관격(偏官格)

日干을 剋하는 月支를 만났을 때 음양이 같으면 편관격이다. 즉 陽日干에 陽月支, 陰日干에 陰月支가 편관이 되니 甲日干에 申月支, 乙日干에 酉月支와 같은 형태가 되면 편관격이라 한다.

日干을 剋하므로 七煞이라고도 하는데 이 剋을 막기 위해서 우선 日主가 신왕해야 하며 상관이나 印星, 또는 양인이 있으면 칠살을 제어하고 오히려 吉함을 가져올 수 있다.

時	日	月	年	
丁	丁	庚	丙	丙乙甲癸壬辛
未	卯	子	戌	午巳辰卯印丑

위 四柱는 天干에 火가 3개나 있고 地支에 卯未가 있어 日主를 도우니 비록 때를 만나지 못한 火라도 反爲强勢하여 月柱의 칠살로 비겁을 제거하는 것이 용신이 된다. 그러나 戌土와 未土가 剋水하여 病이 되는데 卯木이 土를 剋하고 水를 구해 준다. 壬寅癸卯甲運에 木이 旺하여 土를 극하니 水가 구출되어 출세한다.

8. 정관격(正官格)

편관격과 같은 방법으로 보나 음양만이 다르다. 甲日干에 酉月支, 乙日干에 申月支가 정관격이 된다. 男命인 경우 관성은 벼슬자리와 같고 여성인 경우 남편과 같다. 관성이 왕하고 日主가 약하면 인성이 있어야 하고 재성이 오면 오히려 불길해진다. 관성이 약하고 日主가 旺한데 재성이 있어 약한 관성을 生해 주면 길하다. 관성이 지나치게 旺하면 관운이 불길하고, 약해도 불기라니 대체로 정관격에 관운이 오면 害가 많다고 본다.

時 日 月 年
丙 戊 丁 己　　　辛壬癸甲乙丙
辰 戌 卯 未　　　酉戌亥子丑寅

위 四柱는 왕한 土를 剋하여야 중화가 된다. 지나치게 왕한 것과 지나치게 약한 것은 모두 극하여 균형을 이루도록 해야 하는데 이것이 명리학에서 추구하는 인간의 삶이 아닐까.

9. 편인격(偏印格)

편인격은 日干을 生하여 주는 月支하되 음양이 같다. 따라서 甲日干은 亥月支를, 乙日干은 子月支를 만나 이루어진다.

인수나 편인은 부모와 같아 日干을 生하여 주니 두려울 것이 없다. 사람됨에 있어서도 심성이 착하고 학문을 숭상한다. 편인은 관살이 생하는 것을 기뻐하여 관살이 日干을 해하지 않도록 한다. 그러나 인성이 많으면 일반적으로 자식이 없고 여자는 유산이 잘된다.

時 日 月 年
庚 丁 己 乙　　　乙甲癸壬辛庚
子 亥 卯 亥　　　酉甲未午巳辰

위의 四柱는 丁日이 卯月을 만났고 亥卯 木局을 이루어 편인격이다. 전체적으로 丁火가 洩氣되고 있는데 인수도 왕하므로 용신으로 쓸 수 있다. 水가 있어 金, 土, 木도 귀하게 되나 金土가 오면 크게 실패한다. 또 대운이 남서로 달리고 있어 매우 길하다.

10. 인수격(印綬格)

인수격도 편인과 같이 日干을 生해 주는 月支를 만나는 경우인데 음양이 달라 예를 들면 甲日干은 子月支를 보고 乙日干은 亥月支를 보는 것과 같은 형태의 것들을 말한다. 그 성질과 작용이 편인과 대동소이하여 대부분 편인과 함께 인수격이라고 한다. 그러나 격을 이루는 방법에 차이가 있으므로 굳이 한데 묶지 않았으나 내용은 편인을 참고하면 된다.

時 日 月 年
乙 甲 丙 己　　庚辛壬癸甲乙
亥 子 子 亥　　午未申酉戌亥

甲日이 子月을 만났으므로 인수격이나 오히려 외격인 從强格에 가깝다고 본다. 매우 강한 자는 반드시 설기해야 하므로 丙己로 용신을 하는데 火土 대운에 크게 발한다.

제6절 변격(變格)

變格이라고 하는 까닭은 격국의 형성이 앞에서 논한 十正格과 같지 않고 변화된 형태를 취하기 때문에 正格과 대응하는 것으로 붙여진 것이며 外格이라고도 한다. 이것 역시 십정격을 내격이라고 하는 것과 대조되는 의미를 갖는다. 정격은 10개에 한하며 모두 정형화된 기본틀을 가지고 있으나 변격은 그와는 반대로 변화가 무쌍하다.

변격의 종류는 크게 세 가지로 나누는데 전왕격(專旺格), 종격(從格), 종화격(從化格)이 바로 그것이다.

전왕격에는 목일곡직격(木日曲直格), 화일염상격(火日炎上格), 토일가색격(土日稼穡格), 금일종혁격(金日從革格), 수일윤하격(水日潤下格)이 있어 각각 구성과 성격이 다르다.

또 종격에는 종살격(從殺格), 종재격(從財格), 종아격(從兒格), 종강격(從强格)이 있고, 종화격에는 갑기합화토격(甲己合化土格), 을경합화금격(乙庚合化金格), 병신합화수격(丙辛合化水格), 정임합화목격(丁壬合化木格), 무계합화화격(戊界合化火格) 등이 있다.

그러나 이들 변격은 정격만큼 그 쓰임이 많지 않고 그 작용면에 있어서도 영향력이 크지 않으므로 대략 그 종류를 알아보는 선에서 그쳐도 좋다.

1. 전왕격(專旺格)

① 목일곡직격(木日曲直格)

甲乙日이 亥卯未 木局이 되든지 寅卯辰 東方을 향하든지 사주가 木氣로 전왕이 되면 곡직격이 된다. 약간의 水가 있으면 더욱 妙하고 또

약간의 土氣가 있어도 길하니, 이 木은 반드시 土氣가 있어야 그 뿌리를 내릴 수 있기 때문이다. 水木운이 길하고 火운도 길하나 金은 왕한 기세를 꺾으니 흉하고 土도 별로 달갑지 않다.

② 화일염상격(火日炎上格)

丙日이나 丁日이 巳午의 남방에 있든지 寅午戌 火局을 이루어 水氣가 없으면 염상격이다. 木火土운이 있으면 길하고 水나 金운은 흉하다. 염상격은 불탄 후에 재가 날아다니는 격이므로 수명이 짧다고 본다.

③ 토일가색격(土日稼穡格)

戊日이나 己日이 辰戌丑未月에 생하여 火土가 모두 갖추어지고 木氣가 없으면 가색격이라 한다. 火土金운이 길하고 水木운은 흉하다. 가색격이란 농사를 짓는다는 뜻이다.

④ 금일종혁격(金日從革格)

庚이나 辛日主가 申酉戌 서방이 되든지 巳酉丑 金局이 되고 火氣가 하나도 없으면 종혁격이 된다. 대운에서 金土운을 만나면 길하고 木火운은 흉하다.

⑤ 수일윤하격(水日潤下格)

壬癸水 日主가 亥子丑 북방이 되든지 또는 申子辰 水局을 이루고 土氣가 전혀 없으면 윤하격이 된다. 金水木운은 길하고 火土운은 흉하다.

2. 종격(從格)

① 종살격(從殺格)

사주 중에 관살[정관, 편관]이 많고 인수나 비견이 없어 관살의 氣를 감당하지 못할 경우 별도리 없이 관살의 세력에 따르게 되는데 이와 가은 경우를 종살격이라고 한다.

관살을 생하는 재관운을 대운에서 만나면 길하고 인수는 관기를 설하고 日主를 도와주니 흉하다. 비겁운도 흉하며 식상운은 관살을 剋하므로 매우 흉하다.

② 종재격(從財格)

日主가 태약하고 재성이 滿局이 되면 原局을 버리고 財의 세력에 쫓아가는 까닭에 종재격이라 한다. 재운이나 식상운이 오면 길하고 인수나 비겁운은 흉하며 관살운이 오면 왕한 세력을 설하므로 길하다.

③ 종아격(從兒格)

四柱 중에 식신과 상관이 태왕한데 日主가 태약하면 식산과 상관의 세력을 따르게 되니 이를 종아격이라 한다. 비겁이나 식신, 상관운이 오면 길하지만 인성운은 흉하다. 재운은 旺氣를 설하여 吉하나 관운은 매우 흉하다.

④ 종강격(從强格)

日主가 태약한데 인성이 三方 또는 三合局이 되어 있으면 종강격이라 하는 관살운과 인성운은 길하고 비겁운도 길하다. 그러나 재성운은 인성을 극하여 역세(逆勢)하므로 매우 흉하다.

대개 종격을 볼 때에 주의해야 할 것이 있는데 대운에서 따르는 旺氣가 入墓하면 크게 흉하다는 것을 알아야 한다. 여기서 墓는 氣가 끝나는 것을 뜻한다.

3. 종화격(從化格)

① 갑기합화토격(甲己合化土格)

甲日主가 日主 외에 다른 木氣가 없고 辰戌丑未나 火土로 구성되어 土의 세력에 따르기 위해 己와 합하여 從火하면 이를 甲己合化土格이라고 한다.

甲木이 化하여 土가 되었으므로 대운에서도 같은 土가 旺하는 운이 오면 길하고 火운도 길하지만 水木운은 불길하다. 金운도 대체로 무방하나 庚이 나와 甲을 沖하면 흉하다.

② 을경합화금격(乙庚合化金格)

乙日主에 庚字가 있고 巳酉丑 金局이 있거나 申이 있고 다른 土金이 많이 있으면 金의 세력에 따르기 위해 庚金과 合火하여 乙庚合化金格이 된다. 乙庚合化金格이 土金운을 만나면 길하고 水木火운은 흉하다.

③ 병신합화수격(丙辛合化水格)

丙日主에 한 점 辛金이 있고 申子辰亥 등 水氣가 전반에 걸쳐 나타나 있으면 水의 세력에 따르기 위해 丙火와 申金이 合이 되어 丙辛合化

水格을 이루게 된다.

丙辛合化水格은 대운에서 金水운을 만나면 길하고 火土운을 만나면 흉해지며 壬도 丙火를 沖하기 때문에 불길하다.

④ 정임합화목격(丁壬合化木格)

丁火 日主가 時나 月에 壬水가 있고 木氣가 盛하여 金氣를 띠지 않으면 丁火와 壬水가 합하여 木을 따르게 된다. 이를 정임합화목격이라고 하는데 水木火운은 길하고 土나 金운은 흉하며 癸水는 丁火를 沖하므로 불길하다.

⑤ 무계합화화격(戊界合化火格)

戊日主에 時上이나 月上에 癸 1字만 있고 天干에 丙丁火가 있으며 또 지지에 寅午戌巳 등 火局이 형성되어 있을 때 天干에 壬癸水와 地支에 亥子가 없으면 癸水와 戊土가 합하여 종화격이 되니 무계합화화격이라 한다. 木火운은 길하나 金水운은 흉하다. 특히 己土는 癸를 沖하므로 매우 불길하다.

4. 기타제격(其他諸格)

앞에서 살펴 본 정격(正格) 10종과 변격(變格) 14종 외에 나름대로 격국을 형성하여 命에 작용하고 있는 것들이 있는데 이들은 어떤 유형을 지니지 못하고 각자 독특한 방법으로 형성되는 까닭에 기타 제격으로 묶어서 따로 설명하기로 한다. 이같은 격국을 한편으로는 잡격(雜格)이라고도 하는데 그 종류가 매우 많다. 그러나 학자에 따라 각기 다르게 그 중요성을 매기고 있다.

본서에서는 종종 이용되기도 하고 그 작용이 강한 것들로만 골라서 간단히 소개하고자 한다.

▲ 잡기재관인격(雜氣財官印格)

辰戌丑未月에 출생한 자에 한하여 사주 중에 財官印星이 암장되어 있기 때문에 붙여진 것인데 대개 이 格은 沖하는 운에 작용한다고 하지만 그리 많지 않아서 잘 살펴야 할 것이다.

▲ 귀록격(歸祿格)

이는 귀숙지지(歸宿之地), 즉 時에 日干의 祿이 붙어 있어서 이름 붙여진 것인데 오로지 신왕되어짐을 要한다.

신약하여 時支의 祿을 쓸 때 관살, 재성, 효신(梟神), 祿을 沖하는 일이 없어야 하고 日主 天元과 같은 것이 없어야 한다.

제 8 장
六 親 論

제 8 장
육친론(六親論)

육친을 논할 때 日主를 위주로 구분하니 日主를 生한 자가 母이며, 이를 印綬라 하고, 母의 형제는 偏印이며, 이 母를 剋하는 자는 父가 되므로 父를 偏財라 한다. 또 日主가 剋한 자를 처로 삼고 이를 正財라 하며, 처남이나 첩은 偏財라 한다. 이 財를 生한 자가 자식이고 官이 되니 官이 陽이면 아들이요, 陰이면 딸이다. 女命에 있어서는 日을 剋하는 官이 夫요, 日主가 生한 것이 자식이 되는데 이것이 食傷이다.

이와 같이 육친을 규정하고 있으나 다음과 같은 방법이 있으니 잘 살펴야 한다.

· 年干支를 보아서는 조업(祖業)의 흥망을 보고,
· 月干支에서는 부모의 흥망을 보며,
· 日干으로는 본신(本身)과 형제를 보고,
· 日支로는 처의 됨됨이를 보며,
· 時干支에서는 자녀를 본다.

이와 같은 방법은 예로부터 先賢學者들의 경험에서 얻어진 것이니 만에 하나라도 틀림이 없다.

제1절 조업(祖業)

年上에서 財官의 氣가 있으면 조종(祖宗)이 富貴家門이요, 年干에 正財가 成格되면 富한 가문이라 할 수 있다. 年에 財가 있고 地에 귀인이 있어 喜用神에 해당하면 祖宗의 遺業이 성하며 日主가 旺하고 年月에 財印의 氣가 있으면 一世가 편안하다. 만약 年과 月이 沖되면 祖業을 버리고 이향지객(離鄕之客)이 되며, 日主가 旺한데 年에 祿이 있으면 家道가 빈한하다. 그러나 日主가 旺해서 年月上에 食神이 있으면 비록 家門은 빈한하여도 사람의 귀품(貴品)일 것이며, 신약한데 年月에 財星이 旺하다면 부옥빈인(富屋貧人)할 것이다.

寅申巳亥가 있는 자도 그 출신이 名門이요, 名門이 아니더라도 이후에 발복(發福)할 것이다.

子午卯酉가 있거나 三刑이 있는 자는 그 祖宗이 바르다고 할 수 없다.

▲ 조상덕(祖上德) 있는 命

時	日	月	年
丙	己	庚	丙
寅	卯	子	寅

이 命은 己土가 子月에 生하여 水旺함에 月上에 庚金이 있어 물을 生하니 흉하다. 그러나 年干에 丙火가 있어 庚金을 制해 주며 己土[밭]

를 따뜻하게 해주니 祖上의 德이 있다고 보면 틀림이 없다. 대체로 年柱에 用神과 喜神이 있는 자는 조상의 덕이 있고 月柱에 喜用神이 있으면 부모의 덕이 있다고 판단한다.

時	日	月	年
庚	戊	丙	甲
申	辰	寅	寅

戊土가 寅月에 태어나 봄산인데 年干과 月干에 각각 甲木과 丙火가 있어 봄산에 나무를 심고 햇볕을 쬐어 주니 웅장한 산을 이루어 주는 격으로 조상덕은 물론 父德도 넉넉한 命임을 알 수 있다.

▲ 조상덕(祖上德) 없는 命

時	日	月	年
庚	辛	戊	戊
寅	巳	午	戌

辛金이 午月에 태어나고 地支에 寅午戌 火局이 들었으므로 보석 같은 辛金이 녹아 버릴 운명이라 흉하다. 게다가 年月에 모두 戊土가 있으니 첩첩산중에 버려진 보석이다. 戊土가 生金해 줄 것 같으나 土多하면 埋金되어 珠玉이 묻혀 버리는데 어찌 祖上德이 있다고 말할 수 있겠는가.

時	日	月	年
丁	辛	丁	甲
酉	丑	丑	申

위 命은 辛金이 丑月에 生하였으므로 土金이 旺하여 財官을 用한다고 하나 辛金이 丁火를 만나면 녹아서 쓸모없는 쇠붙이가 되므로 丁火를 쓸 수 없으니 조상덕이 없는 것이다. 이렇듯 年月에 財官이 있어도 五行의 이치에 맞지 않으면 쓸 수가 없다.

제2절 부모(父母)

年月上에 財星과 印星이 모두 旺하면 그 부모가 넉넉하고 건강하며 금실이 좋은 平和家庭이다. 年月上에 財官이 得令하여 貴人과 함께 있으면 父가 貴하고, 月令에 印綬가 있고 용신이면서 귀인에게 해당하면 母가 孟母 같이 어질다.

月干은 父宮이니 月上에 偏財가 祿을 띠면 父가 올곧고 장수하며, 만일 月干支에 喜用神이 있고 恩神이 있다면 부모의 덕으로 이름을 얻는다.

月令에 인수가 있고 祿을 얻어 모친의 역량이 크면 재난 당할 일이 없다.

天月德이 재성이나 인수에 있으면 그 부모가 어질고 적선지가(積善之家)일 것이며, 만약 年月에서 財星이 사절지(死絶地)에 있거나 印星이 破財되면 부모가 早亡한다.

年上에 食傷이 있어 偏財를 生하는데 破印함이 없으면 그 부모가 자수성가하였고, 年月에 재성이 있어도 氣가 없거나 인성이 무력해도 그의 부모가 빈한하다.

年月이 反背되어도 父母가 무력하거나 의붓자식이고 月干에 劫財가 있거나 月上財가 被劫되거나 해도 父가 졸지에 死去하거나 행방이 묘

연하다.

月支에 傷官이 있으면 母가 無學이며 病이 많고 무능하여 日主에 장애물이 된다.

財源이 被傷되면 父早亡하고, 인성이 被剋되거나 冲되거나 財가 旺하여 破印하면 母가 早亡한다. 또 月支 偏財가 干劫에 制剋함이 있으면 父의 일생이 빈곤하고, 年月支가 相冲되면 부모가 가난으로 어려움을 겪는다.

父母先亡을 아는 법은 우선 비겁이 많으면 父先亡이고 財가 많으면 母先亡이라고 했으나 月上이 剋冲을 받으면 父先亡으로 보고, 月支가 剋冲을 받으면 母先亡으로 보면 틀림이 없다.

①	時	日	月	年	②	時	日	月	年
	丙	甲	乙	辛		甲	丙	甲	戊
	寅	子	未	巳		午	辰	寅	申

命 ①은 月干의 乙木 父星을 年干의 辛이 剋傷하여 父先亡이고, 命 ②는 月干 寅木을 年支의 申金이 冲하여 母先亡임을 알 수 있다.

▲ 父德이 있는 命

時	日	月	年	
庚	甲	丙	甲(男命)	壬辛庚己戊丁
午	辰	寅	辰	申未午巳辰卯

甲木 日主가 寅月의 木旺節에 태어나 旺할 것 같지만 아직 이른봄이기 때문에 여리고 약한 어린 나무로 보아야 한다.

그런데 時上에 庚金이 日主인 甲木을 剋하려 상해하려 하니 흉하다. 만일 月干에 丙火가 없다면 유약한 甲木이 자랄 수 없어 大凶함이 분명하다. 다행히도 月干에 丙火가 있어 寒氣를 制하고 時의 庚金을 制해 주었는데 月干 丙火는 生父이므로 부덕이 매우 크다.

時 日 月 年
辛 壬 戊 丁(男命)　　壬癸甲乙丙丁
丑 子 申 未　　　　　寅卯辰巳午未

이 命은 壬水 日主가 申月에 태어나고 地支에 申子 水局과 時干의 辛金과 時支에 丑 濕土가 있어 水旺하여 범람할 듯하므로 흉하다. 그러나 月上의 戊土가 水旺함을 막아 주어 四柱의 균형을 이루게 하였으므로 父德이 큼을 알 수 있다.

時 日 月 年
丁 乙 丁 辛(男命)　　辛壬癸甲乙丙
亥 未 酉 酉　　　　　卯辰巳午未申

이 命은 乙木 日主가 酉月에 태어났으므로 국화꽃이 분명하다. 그런데 年干의 辛金이 日主인 乙木을 剋하여 흉하다. 다행히도 月干의 丁火가 辛金을 制해 주니 父가 命主의 어려움을 대신해 주었고 지극한 사랑을 쏟았으므로 命主는 父의 德을 많이 받았다.

▲ 父德이 없는 命

時 日 月 年
乙 丙 辛 壬(男命)　　丁丙乙甲癸壬
未 申 亥 申　　　　　巳辰卯寅丑子

이 命은 丙火가 亥月에 태어나 太弱한데 金水가 많고 木火는 時柱에만 있으므로 신약하다. 더욱이 月上에 辛金이 있어 日主 丙火를 合하므로 丙火가 제 구실을 못하게 하니 아버지가 아들의 손발을 묶고 아무런 일도 못하는 무능한 사람으로 만들었다. 이를 어찌 父德있다 하겠는가.

時 日 月 年
壬 庚 丁 甲(女命)　　辛壬癸甲乙丙
午 午 卯 辰　　　　　酉戌亥子丑寅

이 四柱는 女命인데 卯月 木旺節의 庚午 日主로 태어났다. 따라서 庚金이 약한 것이 분명하다. 더욱이 月上에 丁火가 있어 약한 日主를 불로 녹여 火剋金하니 더욱 흉해졌다. 그러므로 父德을 받지 못하고 평생 고생만 하다가 말년에 발복한다.

時 日 月 年
丙 乙 癸 甲(男命)　　己戊丁丙乙甲
戌 酉 酉 申　　　　　卯寅丑子亥戌

乙木 日主가 酉月에 태어나니 金이 旺하여 申弱함이 분명하다. 時上의 丙火가 金을 制해 주면 길한 명이 되나 불행히도 月上의 癸水가 아들을

도우려 하는 자를 쫓아 버리니 父가 아들에게는 백해무익한 존재다.

▲ 모친덕(母親德) 있는 命

時 日 月 年
庚 壬 戊 戊(女命)　　壬癸甲乙丙丁
子 申 午 戌　　　　　子丑寅卯辰巳

이 命은 午月에 壬水 日主로 태어났으므로 火土가 旺하여 日主 水神이 약한데 時上의 庚金 印綬가 己身인 壬水를 生해 주어 壬水의 근원지가 되니 모친의 덕이 있다고 본다.

時 日 月 年
戊 辛 庚 戊(男命)　　丙乙甲癸壬辛
戌 巳 申 子　　　　　卯丑子亥戌酉

이 命은 辛金 日主가 申月에 태어나서 土金神이 많아 旺함과 동시에 埋金의 우려가 있다. 또 辛金은 珠玉인데 물[水]에 씻어야 빛을 발하므로 月支의 申 중 壬水를 用神으로 삼는다.

月支의 申金은 劫財이지만 月支 宮이 모친의 자리이므로 모친의 덕이 매우 큼을 알 수 있다.

時 日 月 年
庚 丁 丁 庚(男命)　　癸壬辛庚己戊
子 巳 亥 子　　　　　巳辰卯卯丑子

이 命은 추운 亥月의 丁火로 태어났으므로 金水가 旺하여 月干의 丁火가 日主를 도와주기는 해도 그 힘이 미약하여 月支의 亥 중 甲木을 用神으로 삼는다. 여기서 亥 중의 甲木으로 用神을 삼은 것은 촛불은 언제나 심지가 있어야하기 때문이다. 따라서 모친이 자신의 몸을 심지로 삼아 아들을 도와주는 格이니 어찌 모친의 덕이 크지 않다고 하겠는가.

▲ 모친덕(母親德) 없는 命

時 日 月 年
戊 甲 丙 壬(女命)　　庚辛壬癸甲乙
辰 寅 午 戌　　　　　子丑寅卯辰巳

甲木이 뜨거운 午月에 태어난 命이므로 炎天에 신약함이 분명하다. 日支에 通根이 되어 寅木이 도움을 줄 듯 하지만 月支의 午와 合하여 불을 더욱 강하게 지펴 甲木을 태우려 한다. 즉 모친의 극성이 심하여 딸은 물론이고 사위까지 못 살게 구니 모친덕이 하나도 없는 것으로 이는 차라리 없는 것만 못하다.

時 日 月 年
癸 庚 庚 己(男命)　　甲乙丙丁戊己
未 午 午 亥　　　　　子丑寅卯辰巳

庚金이 午月에 태어난 命이므로 신약한데 또다시 조열(燥熱: 마음이 답답하고 몸에 열이 남)하니 四柱에 中和를 이루지 못하였다. 따라서 年支의· 亥水를 用神으로 취한다. 그러나 己土가 午月에 生하였으므로

燥하니 日主인 庚金을 生할 수 있는 힘이 없다. 따라서 모친은 있으나 덕이 없음을 알 수 있다.

時 日 月 年
戊 辛 壬 乙(女命)　　戊丁丙乙甲癸
戌 亥 午 酉　　　　　子亥戌酉辛未

이 命은 辛金 日主가 午月에 태어났으므로 火旺하여 金水를 用하는데 月支의 午火가 辛金인 根인 酉金을 剋하여 흉하다. 日主인 辛金은 보석이라고 하였으므로 壬水로 닦아 주어야 길한 법인데 午月이라 끓는 물이 되어 보석을 닦는 격이니 대단히 흉하다. 즉 모친 되는 午가 辛金을 도와주려는 酉를 막고 자신이 직접 나서 끓는 물을 아들에게 퍼부우니 어머니 등살에 못 이긴 命主가 일찍 집을 뛰쳐나왔다.

제3절 형제(兄弟)

인륜상으로 형제는 義롭고 자애스러운 것이지만, 四柱상의 형제는 신약한 경우를 제외하고는 대체로 불미스럽고 재앙의 씨요, 화근일 뿐이니 이롭지 못하다.

비견, 겁재로 형제궁을 보는 것이 옳은 방법이다. 만약 비견 겁재가 용신이면 형제덕이 있고 흉신이면 형제덕이 없다. 용신일 때에도 陰日主가 陽을 보면 吉하고, 陽日主가 陰을 보면 흉한 것이니 형제덕이 없다고 본다.

日干이 月令에 通되면 형제간에 친함이 있고 通根되면 형제도 많다.

日主가 旺한데 比劫이 過重하면 형제가 다 零落하고 혼자 남아있는 것이며 從化格 중에 戊癸化格을 제외한 나머지도 위와 같다. 財星이 經한데 겁재가 있으면 형제가 財家하였고, 羊刃이 冲을 만났으면 손발이 불구인 형제가 있으며 血死한 형제자매가 있다.

乙木이 附甲되면 그 형이나 누이의 음덕을 받으나 형이나 누이는 乙木을 싫어하여 정감이 없다. 또 추운 계절에 丁化가 丙火를 보면 형제가 相親助力함이 있다. 己日이 신약할 때 戊土를 보아도 형제가 상조하여 가문을 일으킬 것이다. 이같이 형제를 보는데 陰干은 扶助됨이 喜하고 陽日은 형제를 꺼리는 것인즉 日干이 通脅하든지 成方, 成局되면 형제가 많다.

▲ 형제덕 있는 命

時 日 月 年
甲 甲 己 乙(女命)　　乙甲癸壬辛庚
戊 申 丑 酉　　　　　未午巳辰卯寅

이 命은 甲木 日主가 丑月에 태어난 것이므로 土가 旺하여 신약함이 분명하다. 따라서 年·時干의 木을 용신으로 취한다. 이와 같이 자기와 같은 오행인 비겁을 용신으로 하면 형제가 자신을 도와주는 格이 되어 형제덕이 있는 것이다.

時 日 月 年
丙 辛 庚 甲(女命)　　甲乙丙丁戊己
申 酉 午 戌　　　　　子丑寅卯辰巳

申金 日主가 午月에 生한 命이므로 水神을 기뻐한다. 日支의 酉金은 神金이 通根될 것 같으나 月支의 午에 剋을 당하여 괴멸되었다. 그러나 時支의 申 중 壬水를 용신으로 하니 형제덕이 있는 命이다. 따라서 자신은 무능력하여 아무런 일도 하지 못하는 상태에서 동생에게 의탁하며 생계를 유지해 왔다.

時 日 月 年
壬 癸 甲 丙(男命) 庚己戊丁丙乙
戌 亥 午 申 子亥戌酉申未

이 命은 癸水 日主가 午月에 태어난 것인데 水氣가 부족하므로 時上의 壬水를 취하여 용신으로 삼는다. 따라서 형제간의 우애가 돈독하고 運도 역시 서북으로 향하고 있어 형제의 조력에 힘입어 크게 발전할 命임을 알 수 있다.

▲ 형제덕 없는 命

時 日 月 年
壬 庚 辛 乙(女命) 丁丙乙甲癸壬
午 辰 巳 未 亥戌酉申未午

庚金 日主가 巳月에 태어난 命이므로 時上의 壬水가 命을 귀하게 하고 있다. 형제자매인 辛金 珠玉이 水를 간절히 바라고 있으므로 이들에게 壬水를 나누어 주니 나 자신에게 돌아올 것이 없다. 즉 형제자매의 뒷바라지에만 온몸을 바치게 되고 형제의 도움은 받지 못한다.

時 日 月 年
乙 甲 乙 戊(男命)　　辛庚己戊丁丙
丑 辰 卯 子　　　　　酉申未午巳辰

甲木 日主 卯月에 태어난 命이므로 木旺節에 길한 것 같으나 아직은 어린 나무이므로 月과 時上의 乙木이 甲木인 나를 감아 오르며 목을 조이니 형제로 인하여 흉한 命이 되었다. 乙木은 甲木을 보면 타고 오르면서 목을 조이고 다리를 감아 매우 흉하게 됨을 안다면 이 명이 형제 덕이 있음을 쉽게 알 수 있다.

時 日 月 年
丙 戊 甲 己(女命)　　庚己戊丁丙乙
辰 子 戌 巳　　　　　辰卯寅丑子亥

이 命은 戊土 日主가 戌月에 태어났으므로 土旺하다고 본다. 원래 戊土는 甲木을 용신으로 삼는데 年干의 己土가 甲木을 合去하여 갔으므로 나의 명예와 재산을 형제가 빼앗아 가는 格이 되었다. 따라서 형제 덕이 지독히도 없는 命이다.

제4절 처궁(妻宮)

正財를 처로, 偏財를 첩으로 보는 것이 통설이기는 하나 반드시 正財만이 妻가 되는 것은 아니다.

正財가 약한데 偏財가 旺하거나 正財는 地支 중에 암장되어 있는데

偏財가 天干에 나오면 첩이 안방을 지키게 되고 本妻가 죽은 뒤에 첩이 家權을 승계 하는 경우가 된다. 처의 길흉을 볼 때 財星도 보아야 함은 물론이지만 日支의 처궁을 보는 것이 더욱 중요한 일이다.

日支가 喜神에 해당하면 賢妻를 만나고 처의 음덕이 귀중함을 알게 된다. 日支가 印星이거나 혹은 傷官이거나를 가리지 않는다. 즉 壬午日과 같이 日下에 正財를 두었으나 5,6月에 生하여 재다신약(財多身弱)이 되면 妻財를 크게 敗할 것이요, 또 庚子日이 午月에 生하였으면 그 처가 남편을 위하여 困苦를 대신한다.

古書에 이르기를 財神에 殺을 띠면 처가 호령하며 겁을 준다 하였고, 財星이 殺位에 同柱되어도 처가 두렵고, 日支나 財星이 용신과 同柱되거나 귀인이 臨하면 妻妾으로 인하여 成財하고 관직에 나아간다. 八字에 처궁을 잘 타면 부부 금슬 또한 좋은 것이니 賢妻孝婦도 八字所管이라 하였다.

日主가 戊寅, 壬戌, 庚寅 등과 같이 처궁에 煞이 있거나 財가 旺하면 처가 主事하며 日支, 時支에 財星이 있거나 傷官을 대하거나 양인, 칠살 또는 괴강, 화개 등이 있으면 모든 일에 처가 관여하며 처의 성정이 불미하다.

日貴格[壬午, 癸巳]이면 처로 인하여 치부(致富)할 수 있다고 하였으나 日支에 用神, 恩神이 있을 경우에만 그러하다.

甲午 日主와 같이 재성이 得祿하면 그 처가 반드시 賢貴하다.

乙酉日이나 辛卯日은 干支가 서로 相沖되니 본처가 반목함이 있고 마나면 항상 싸움이 잦다.

戊土 日干이 癸水合하고 다른 戊가 爭合되면 반드시 재가해 오는 여인을 처로 맞이하니 歲運에서 만나도 같다. 또 하나의 戊가 두 개의 癸와 合해도 마찬가지다.

정재는 처가를 표시하는데 天乙貴人을 만나면 처가가 귀함이 있고, 정재가 月令에 通氣하면 반드시 처가가 빈한하며, 刑冲되거나 劫煞이 있으면 처가가 천하다.

日主가 通根되면 처가 현숙하고, 洩剋되면 처가 우둔하고 어리석다.

日主가 旺한데 時에 양인, 비겁 등이 있으면 낙이 없고 처의 병으로 고민하며 여러 번 재혼해도 현숙치 못한 여자가 온다. 日支나 時支에 子午卯酉를 보아 冲이 되면 해로하기 어렵고 寅申巳亥는 비록 四生方이나 日支에서 冲剋되면 그 처를 剋하나 재취하여 좋을 수도 있다. 재성이 旺하여 신약하면 현처를 만나기 어렵고 양인이 同主하면 처의 命이 짧다.

日·時支에 三刑이나 桃花가 있으면 처가 外情을 두는 것이고 정재가 같이 들면 미인을 맞아 금슬이 좋다. 煞이 旺한데 신약하고 재성이 生煞하면 色으로 인해 병을 얻고 죽는다.

▲ 처덕(妻德)이 있는 命

時	日	月	年	
庚	甲	丙	甲(男命)	壬辛庚己戊丁
午	辰	寅	午	申未午巳辰卯

이 命은 甲木 日主가 寅月에 태어나 木旺節에 들기는 했으나 甲木이 아직은 어리고 유약하므로 時干에 庚七煞이 나와 金剋木한 것은 매우 흉한 작용을 한다. 또 地支에서는 寅木이 午火에 타 들어가니 흉함이 더욱 기승을 부릴 것이다. 따라서 月上의 丙火와 日支의 辰土를 用神으로 하여 丙火 用神으로는 時干의 庚金을 制하고, 辰土 用神으로는 年支의 午火를 制하여 寅木이 연소되는 것을 막아준다. 그러므로 이 命은

父德도 물론 있지만, 妻德이 아주 좋은 것으로 본다.

▲ 처덕(妻德)이 없는 命

時 日 月 年
庚 丙 乙 戊(男命) 辛庚己戊丁丙
寅 申 丑 子 未午巳辰卯寅

丙火 日主의 이 命은 丑月 土旺節에 태어나 洩氣됨이 매우 심하고 水旺하며 또한 한습(寒濕)하여 時支의 寅木을 用하여 약해진 丙火를 生해 주어야만 길할 수 있다. 그런데 아내가 되는 日支의 申金이 寅水를 冲하여 없애 버리니 丙火를 生할 수 없게 됐다. 日支가 이와 같이 악한 짓을 하니 곧 아내가 남편을 내조하기는커녕 쫓아다니며 괴롭히는 것으로 천하의 악처를 만나는 命이다.

時 日 月 年
辛 丁 戊 庚(男命) 甲癸壬辛庚己
丑 卯 子 午 午巳辰卯寅丑

이 命은 丁火 日主에 子月生인데 金水가 많아 年支의 午火를 用해야 하나 子와 冲이 되니 쓰지 못하고, 日支의 卯木을 用神으로 한다. 그런데 妻宮인 日支 卯木은 火를 生할 수 없는 습(濕)한 나무인 까닭에 日主인 丁火를 生하지 못하고 오히려 剋火하려고 하니 처의 덕이 있다고 할 수 있겠는가.

제5절 자식(子息)

男命에서는 官星이 자식이고 女命에서는 食傷이 자식이나 時를 봄이 마땅하다. 또 男命은 용신이 자식이고 女命은 용신을 剋하는 字가 자식이다.

時에 喜用神이 있으면 자식이 귀하고, 흉신이 있으면 자식이 불량하며, 時에 冲剋되거나 墓庫에 있으면 결국에는 자식이 없고 있다 해도 生養할 수가 없다. 時에 官이 墓地이면 역시 자식이 없고, 관성이 氣를 얻으면 자손이 많을 뿐만 아니라 발달이 용이하다. 그러나 용신이나 喜神이 되어야만 한다.

日과 時에 煞과 印이 있어 常生操身되면 반드시 귀한 자식이 있고 신왕한데 煞이 약하면 무능하고 약하여 질병이 있는 아들을 둔다. 日支에 재성이 喜한데 時에 비겁이 있으면 자식 때문에 패가할 것이요, 時에 관성이 귀인을 대하면 자식으로 인한 명망과 덕이 있다. 官이 金이나 水로 나타나 時에 있고 桃花가 있으면 자식이 술장사나 화류계에 뛰어들고 木日에 金이 官이고 火支에 있으면 자식 중에 폐병환자가 있다. 官煞이 巳庫藏에 있으면 반드시 外房子가 있다. 남녀를 불문하고 편인이 중첩되면 자식을 剋하기 쉬우니 두려운 일이요, 혹 자식이 있어도 곧 사라질 것이다.

자식에 대하여서는 金水 상관을 제외하고 傷官格이 傷盡되면 食傷이 자식이요, 傷官이 태왕하고 신약이면 取用하는 인성을 자식으로 보며, 자식을 취하는 用法이 四柱의 구조에 따라 달라지는 까닭에 반드시 관성만으로 자식을 취해서는 안된다.

▲ 자식덕 있는 命

時 日 月 年
壬 辛 乙 丁(女命)　　辛庚己戊丁丙
辰 卯 巳 酉　　　　亥戌酉申未午

이 命은 辛金 日主가 巳月의 火旺節에 태어난 命이다. 그런데 年干과 月干에 木火가 나오니 더욱 火가 旺하여 日主가 신약하다. 따라서 時의 壬水가 辰土를 용신으로 하여 壬水로는 丁火를 制하고 辰土로는 日主를 生해 주니 자식으로 하여 나 자신이 吉해진다. 이와 같은 命은 자식덕이 있는 것으로 본다.

時 日 月 年
丙 己 戊 庚(男命)　　甲癸壬辛庚己
寅 酉 子 辰　　　　午巳辰卯寅丑

己土 日主가 子月에 태어난 命으로 水가 많은데 地支에 子辰 水局을 이루어 水旺하고 겨울철이기 때문에 한습함이 지나치다. 그런데 時柱에 丙火와 寅木이 있으니 丙火로 한습함을 制하고 寅木으로 水旺함을 달래는 格이다. 男命에 있어서는 用神이 아들이므로 아들 宮에 용신을 두니 자식德이 높은 줄 알 것이다.

時 日 月 年
庚 己 乙 丁(女命)　　辛庚己戊丁丙
午 亥 巳 亥　　　　亥戌酉申未午

己土 日主에 巳月生이므로 火旺節에 태어났다. 火土가 旺한 계절이므로 이를 억제해야 吉한 命이 될 수 있는데 마침 時干의 庚金이 傷官이 되어 旺한 土를 洩하여 주니 비로소 吉함을 볼 수 있다. 따라서 이 命 역시 자식德이 대단히 많은 命이다.

▲ 자식덕 없는 命

時 日 月 年
癸 丙 甲 丙(男命)　　庚己戊丁丙乙
巳 辰 午 申　　　　　子亥戌酉申未

이 命은 午月에 태어난 丙火 日主이기 때문에 염천(炎天)이 분명하다. 게다가 午月에 丙火와 甲木과 午火가 있으니 더욱 덥고 짜증나는 命이 되었다. 부른 물로 끄는 것이 순리이므로 물을 찾으니 時上에 癸水가 있어 이를 用神으로 삼았는데 언뜻 보기에는 불을 끈 格이 되어 자식덕도 있고 貴子를 둔 것 같지만 癸水가 丙火를 剋하여 길을 막으니 命主인 나 자신이 곤경에 처한다. 따라서 이 命은 어렵게 근근히 살아나가는데 자식이 더 큰 禍를 불러온 格이다.

이 命은 男命인데 用神이 아닌 관성으로 자신을 보아도 역시 흉함을 알 수 있다.

時 日 月 年
丁 甲 己 壬(女命)　　癸甲乙丙丁戊
卯 申 酉 午　　　　　卯辰巳午未申

甲木 日主의 女命인데 酉月에 태어난 까닭에 土金水가 많으니 그들

을 견디지 못할 정도로 신약함이 분명하다. 禍를 用神으로 써서 土金을 制하여야 吉할 수 있는데 時上의 상관(傷官)인 丁禍를 쓰자니 아직 한기(寒氣)가 심하지 않은 酉月이라 쓸 수가 없다. 더욱이 時上 丁火는 甲木인 나를 불태우려 하는 格이므로 자식으로 인하여 온갖 고생 다 겪게 되는 가히 자식복이 없는 命이라 할만하다.

時 日 月 年
壬 己 戊 癸(女命)　　甲癸壬辛庚己
申 亥 午 未　　　　　子亥戌酉申未

己土 日主의 女命이 午月의 火旺節에 태어났으므로 水神을 애타게 찾는다. 그러나 時上의 壬水는 홍수와 같아 己土인 밭에 물이 넘치니 작물이 자랄 수 없고 황톳물이 되니 흉함은 이루 말할 수 없다. 따라서 이 命은 자식 잘되기를 애타게 바라지만 자식은 그 심정을 몰라주며 따라서 재산을 탕진한 채 어미 가슴에 못을 박고 집을 나가는 자식을 둔 것이니 이 또한 자식德이 없는 命이다.

제 9 장
天干原理論

제9장
天干原理論

제1절 갑목(甲木)

甲은 陽이고 木이며 同적이며 활발한 生命力을 가지고 태어나서 천둥번개와 같이 요란하며 돌진한다.

하늘에 있어서는 우뢰(雷), 용(龍)이며 땅에 있어서는 材木이므로 그 뿌리가 이미 끊기고 가지가 부러져 있어 한 마디로 死木으로 불린다.

또 甲木은 큰 나무이며 열매나무이므로 적절한 조건 속에서 성장하여 훌륭한 열매를 맺는 것이 목적이며, 나무가 단단하여 재목감으로 쓰이게 되어 쇠붙이를 이용 공작용(工作用)으로 활용한다.

이와 같이 甲木이 상향생장(上向生長)하려면 丙火와 우로(雨露)인 癸水가 있어야 한다.

甲木이 寅月에 태어나면 기후가 한냉(寒冷)하여 태양인 丙火를 만나야 吉할 것인데 필요없는 庚金을 만나면 세상에 갖나온 새싹을 金剋木(庚金이 甲木을 剋한다는 뜻)하여 1年生 花草 뿌리가 끊기므로 불길하다.

甲木이 卯月에 태어나면 木이 왕성하는 까닭에 木은 굳고 庚金은 쇠약해져 있으므로 金剋木하기는 그 날(刃)이 상할 우려가 있다는 것이다.

춘불용금(春不容金) 7,8月에 生하면 木氣가 휴수(休囚)가 되어 庚金은 때를 만나 왕성득령(旺盛得令)하니 土는 金에게 그 정(精)을 모두 설(洩)하여 土가 허(虛)하므로 土가 木의 뿌리를 북돋지 못하는 가운데 도리어 金을 生해주어 木을 剋하므로 土를 용납치 못하니 추불용토(秋不容土), 만약 甲木이 地支에 巳午未 또는 寅午戌 등이 있고 天干에 丙精 화가 투출되면 木生火로 木의 氣를 뽑는 것과 동시 火가 旺하므로 木이 불타버리고 만다.

이런 경우 甲木이 辰字 위에 있으면 辰은 습토가 되어 능히 木의 뿌리를 배양(培養)할 뿐 아니라 旺한 火氣를 누출시키게 된다.

또는 地支에 亥子丑, 申子辰이 있고 天干에 壬癸水가 있으면 물이 너무 많아 木이 뿌리를 땅(土)에 박지 못하여 물에 뜨게 된다.

甲日에 태어난 사람이 庚辛金의 관살(官煞)을 만나 득령(得令)하게 되면 명리(名利)가 쌍전(雙全)하고 大運에 辛酉辰, 戌丑未의 土金大運을 만나면 발달한다.

甲木이 辛金 정관(正官)을 만남을 가장 기뻐하는데 여기에 地支 寅午戌 火局 혹은 丁火 상관(傷官)을 보면 辛金이 무력해지므로 성공하지 못한다.

그러나 四柱에 傷官이 있고 財를 生하고 財는 官을 生하게 되어 크게 발달한다.

冬節에는 火를 필요로 하며 戊土로 바람을 막아 온난함을 요한다. 또 天干에 剋함을 받지 않는다면 長大함이 하늘을 향해 올라가 천고에 변함이 없을 것이다.

❂ 개념

비약과 같은 역동성 대그룹의 CEO 연장자 조직의 두목, 건축물의 대들보 같은 材木을 나타낸다.

❂ 상징

방향은 同, 계절은 春, 색은 靑, 소리, 직선, 상승, 仁義를 상징하며 五聲은 角音

❂ 질병

간장, 머리, 담낭, 얼굴, 수족과 간장, 쓸개, 두통, 정신질환 등

❂ 직업과 인물

정치인, 학문을 연구하는 교수, 예술인, 교육자, 판사, 언론인 등이며 文科가 좋다.

인물로는 윤치영, 신익희(민주당 대통령 후보로 유세도중 호남선 열차에서 심장마비로 사망)

❂ 성격

상승의 氣가 있으며 한 번 결정한 일은 그대로 진행하여 고집이 세다. 또 우월감이 많고 자존심이 강하며 활동적이고 적극적이다.

❂ 用神

用神을 쓰면 合冲이 안되었을 경우 성악가로 대성할 수 있다. 또한

辰土나 子未土에 뿌리를 내리고 丙火를 받아 양육하면 매우 길하다. 寅卯辰月生이거나 巳午月 未月에 태어났으면 浅木이다.

申酉戌亥子丑月生이 地支에 寅卯辰 중 1자만 있으면 休木이며 좋으나 한자도 없을 때는 列木이므로 나쁘다.

辰土나 子未土는 진흙이며 大格이고 戌土는 破土이다. 戊土가 天干에 나오면 高山之木으로 고독하며 己土가 나오면 富하다. 己土는 甲木과 合이 되어 본분을 망각하기도 한다.

壬水가 天干에 나오면 대홍수로 인하여 나무 뿌리가 썩는다. 丁火가 天干에 있으면 조급한 성격으로 나무에 불이 붙은 격이니 春夏節生은 농사를 망친다. 겨울에는 戊土로 바람을 막고 丁火로 따뜻하게 하면 좋다.

乙木이 天干에 있으면 甲木의 가지가 구부러진 나무 격이다. 乙木이 甲木을 감고 조르니 신경이 쇠약해진다.

乙木은 또 꽃이므로 여자 때문에 되는 일이 없다. 生養之木이 되면 귀격이고 甲木을 財로 쓰면 富格이다. 甲木을 태워서 쓰는 경우는 活人之命이라 교육자로 성공한다.

丙火와 癸水는 떨어져 있어야 하며 나무가 丙火[해]를 만나야 볕을 쬐고 건실한 열매를 맺는데 癸水[비]가 오면 丙火가 구름에 가려 甲木이 시든다.

✪ 寅卯辰月生

寅卯辰月에 木을 剋하는庚辛金이 火氣없이 天干에 나오는 사람은 그가 출생하자 곧바로 집안이 망했다고 보면 된다. 즉 庚辛金이 어리고 유약한 나무를 무참히 짓밟는 것처럼 무법자나 깡패와 같은 못된 사람일 것이기 때문이다. 그러나 태양(丙火)가 있으면 오히려 貴命이 된다.

地支에 巳午未가 있으면 癸水를 쓴다. 그러나 癸水가 또 癸酉, 壬申을 만나 水旺하면 질병이 있다. 女命의 경우 庚金이 남편인데 못된 남편이 되어 해로하기 어렵다.

寅卯辰月에는 丙火를 써야 하는데 庚辛金을 쓰는 자, 즉 용신이 상반된 자는 처자와 夫子, 배우자宮 또한 정상적이지 못하다.

寅月은 寒氣가 아직 남아 있어 丙火를 要하고 癸水로 뿌리를 기르며 金을 꺼린다. 우수가 지난 후의 土는 貴하고 火는 富하다. 그러나 水가 旺하면 흙이 풀리고 나무가 떠서 불길하다.

卯月에는 庚金과 土가 있으면 貴格이고 이때 반드시 丁火가 있어야 하고 庚辛金이 있는데 丙丁火가 없으면 요절한다.

辰月의 辰土는 沃土이나 亥卯未를 보면 자궁에 병이 있고 丁火와 庚金을 쓰면 富가 없다.

◎ 巳午未月生

巳午未月은 덥기 때문에 癸水를 쓴다. 癸水는 雨露水이므로 壬申, 癸酉가 있으면 장마 비에 강물이 넘치는 격으로 뿌리가 썩고 丙火를 가리어 불길하다. 즉 결실을 맺지 못하고 병이 많으며 고생이 심하다. 庚辛金이 천간에 나오면 여름 하늘에 우박과 서리가 내린 격이다. 癸水는 힘들이지 않고 자연히 얻은 것이고 壬水는 길어다 쓰는 것이니 바쁘고 비용이 들어 재산이 준다. 火가 많을 때는 자기 몸을 태워야 하기 때문에 活人之士로 기술자나 예술가, 의사들이 많다.

巳月은 열기가 있으므로 癸水가 필요하고 庚金과 丁火가 같이 나와야 하며 火氣를 없애야 貴해진다. 午月은 癸水로 목마름을 축여야 하는데 癸水가 없으면 壬水라도 있어야 한다. 地支에 辰土가 있으면 길하다. 未月에는 소서가 지나서 癸水가 필요하고 대서 후에도 木도 쓴다.

金水가 많으면 여름에 서리를 만난 격이므로 뿌리가 병들고 잎이 죽는다. 이때는 丙火가 약이다.

◎ 申酉戌月生

申酉戌月生은 庚金과 丁火를 이용 거두어들여 부귀한다.

丁火만 있으면 가을 나무를 태우는 격이니 기술자, 신부, 목사, 의사 등의 活人之士가 된다. 丁火 대신 丙火가 있으면 수확할 때에 열매를 맺게 했으니 貴하지 못하고 富는 된다. 土金은 모두 해로운 것이며 水가 나타나도 매사가 안 풀리며 허망할 뿐이다. 그러나 가을 甲木에 庚丁이 있어도 乙이 庚을 合하면 모두 헛일이다. 丙乙癸가 天干에 나오면 역마로 외부를 싸돌아다니며 소득이 없다. 壬癸水가 天干에 나오면 춥고 배고플 뿐이다. 즉 추수를 하려다가 물에 빠지고 비를 맞은 격이니 시작은 있으나 가을에 결실을 거두지 못한다.

申月에 庚金과 丁火가 天干에 있으면 貴하고 癸水가 있으면 살인할 命이며 戊己土가 있으면 가난하며 도적이 되거나 요절을 면치 못한다. 酉月에는 丁火로 金을 막아야 하며 水는 복을 빼앗는다. 戌月에 癸水는 좋은데 木이 旺하면 丁으로 다스려야 한다.

◎ 亥子丑月生

亥子丑月生중 地支에 火局된 사람은 자신을 희생하는 活人之命이다. 戊土로 바람막이를 하고 丁火와 庚金을 보면 부귀한다. 이때 地支에 午戌未 중 1자리라도 있어야 한다. 戊土와 丁火 없이 庚金만 天干에 나온다면 길하지 못하다. 또 癸水가 天干에 있으면 눈보라가 치는 격이다. 특히 丁火 대신 丙火가 오는 것은 안된다. 丙火는 햇빛이므로 햇빛을 쬐기 위해 밖에 나가 떨고 있는 나무와 같다.

寅卯辰 중 1자가 있어서 丙火를 용신으로 할 경우에 大運이 順運이면 좋다. 巳酉丑이 있어 남방 火地로 갈 경우에는 富하기는 하지만 질병이 있다. 만일 地支에 火氣가 있고 불을 끄는 水氣가 없다면 食福이 있다. 亥는 고물상, 옛것, 개혁을 의미하므로 과부는 총각신랑을 맞고 홀아비는 처녀장가를 간다.

亥月에는 火氣가 있어야 길하며, 水가 있으면 戊土로 막아야 한다.

子月은 寒氣가 심하므로 丙火를 필요로 하는데 戊土가 있으면 부귀한다. 丙丁에 火氣가 없으면 처량하나 地支에 午寅巳未戌이 있으면 길하다. 冬至 후에 木火土가 있고 庚金과 丁火가 있으면 大富大貴한다. 丑月에 庚丁이 있으면 貴富하며 둘 중에 하나만 있으면 분주하다.

제2절 을목(乙木)

乙은 陰이나 木이나 花草木이다. 또 유약(柔弱)한 성격을 갖고 있다. 하늘에 있어서는 바람(風)이요 땅에 있어서는 1年生 초화에 비유된다. 그러면서 조용하고 차분하며 아름다움을 펼쳐 보여주는 것이 가장 중요한 일이다. 乙木은 뿌리가 성(盛)하고 지엽(枝葉)이 무성하므로 活木이라고도 한다.

乙木이 비롯 枝葉하나 丑未月에 生하면 그 뿌리가 튼튼해지는데 이는 未가 木의 고(庫)가 되는 까닭이요 丑은 습토(濕土)가 되어 마땅이 乙木의 뿌리를 배양(培養)하기 때문이다. 그러므로 丑未의 부드러움은 흙(柔土)를 억제(抑制)할 수 있는 것이다.

乙木이 七八月에 生하면 마땅히 四柱에 丙丁의 火가 있어야 하는데 火가 있으므로 金殺이 旺하여도 제살(制殺)이 되어 無방하다.

또 亥子月에 生하면 水旺하기 쉬운데 水가 太旺하면 木이 부목(浮木)이되므로 四木에 午火를 要한다.

이같은 원인은 午는 乙木의 장생궁(長生宮)이요 또 水가 왕양(汪洋)함을 저지시키는 역할을 함이다.

乙木이 만약 天干에 甲木이 투출(透出)하고 地支에 寅木이 있으면 이것을 등라계갑(藤蘿繫甲) 서로 엉킨 것이라 해서 7,8月이나 亥子月에 生할지라도 金의 절벌(節伐)이나 水에 浮木될 염려가 있다.

春節에는 개나리, 진달래 꽃이니 아름답고 夏節에는 모란, 장미꽃으로서 중후하다. 또 秋節에는 국화, 코스모스요. 冬節에는 온실 속의 꽃이다.

◎ 상징

甲木과 같이 방향은 東쪽, 계절은 春, 색은 淸色을 상징하며 나무를 타고 올라가 감기는 성격의 소유자다. 牙音, 보리, 角音, 花草, 초화, 가구, 종이, 의복을 상징한다.

◎ 질병

신경, 손발, 머리, 목 등의 신체부위, 특히 신경계통이 심하다.

◎ 인물

대우그룹의 김우중

◎ 성격

男子는 여성적인 성격이며 女子는 사치스럽고 돌아다니기를 좋아하고 깔끔하고 깨끗하다. 그러나 男, 女 모두 의타심이 많다. 부모나 배우자에게 의지하려 든다. 특히 여자는 쾌활한 성격이다.

✪ 用神

甲木이 天干에 나오면 타고 올라가 좋지만 여자의 경우 후처에 해당된다. 甲木을 타고 오르는 것을 좋아하지만 丙火가 없으면 꽃이 피지 못한다. 乙木은 풀밭의 꽃이므로 甲木과 같이 富할 수는 없으나 丙火를 받으면 아름다움을 발한다. 따라서 丙火가 天干에 나와야 길하지만 밖에 핀 꽃이라서 분주하고 실속이 없다. 또 丙火를 받아 비록 꽃과 같이 예뻐 젊어서는 재미있게 생활하나 노년에는 다르다.

癸水가 天干에 나오는 것을 절대 꺼리며 辰中癸水와 丑中癸水만으로 족하다. 壬癸水가 天干에 나오면 병치레가 많고 丙火가 나오더라도 문밖으로만 분주하다. 大運에서 乙木을 만나면 산만항 지점확장, 이별 등의 사건이 발생한다. 丁火가 天干에 나오면 메마르고 命이 짧으며 無土가 나오면 高山之花이니 보는 이가 없어 재미없다. 또 庚辛金이 오는 것을 가장 싫어하는데 이는 처자가 불량하고 이별수가 많기 때문이다. 庚金은 서리가 되어 작물을 망치게 하고 辛金은 꽃을 베어낼 뿐만 아니라 丙火와 合하여 꽃을 시들게 한다. 己土가 天干에 있으면 야생화이므로 男命은 홍등가에 뛰어들어 몸 버리고 가산을 탕진하며 女命은 뭇남자들과 상대한다.

✪ 寅卯辰月生

丙火를 만나면 대길하며 부귀할 命이다. 봄에 제일 먼저 피는 꽃으로 개나리와 진달래에 해당하니 자존심이 강하며 밝고 명랑하다.

그러나 庚辛金을 매우 꺼리는데 地支에서도 金神을 만나면 건강이 나쁘고 매사가 안 풀린다. 庚金이 天干에 나오면 乙庚合이 되어 좋지 못하고 辛金이 나오면 丙辛合이 되어 夫가 여색에 빠지고 이 때문에 여자는 속이 썩는다. 따라서 地支에 辛金이 있으면 남편과 같이 살지 못한다. 地支에 나온 金辛은 午戌未로 막아내고 天干의 庚辛金은 丁火로 다스린다. 자기 몸을 태우니 活人之命이며 丁火로 制金해도 자식이 불미하다. 日支에 亥水가 있으면 꽃을 베어 물병에 담근 것과 같으므로 질병이 있고 命이 짧다. 無土를 보면 남들이 알아주지 않아 처량하며 온갖 풍파를 만나 고생이 심하고 己土를 보면 밤낮으로 분주하나 편안치 않으면 野生之花가 되어 천하고 고독하다.

寅月에는 丙火와 辰土를 요하나 辰土가 없을 때는 戊己土도 쓴다. 天干에 丙丁火가 없이 庚金이 오면 月支 寅의 丙火를 쓴다. 卯月은 木旺하므로 辰土가 있으면 부귀한다. 丑戌未土면 뿌리를 못 내려 병액이 있고 배우자宮이 나쁘다. 火가 없고 庚金과 水가 있으면 日主가 병든다. 辰月은 丙火가 이어 해가 따뜻하면 길하다. 戌은 沖이 되어 좋은 땅에 불벼락이 내린 격이므로 꺼린다. 土旺하면 甲乙木을 쓴다.

◎ 四午未月生

丙火와 辰土가 있으면 외모가 수려하고 재치가 있으며 글을 잘 쓰고 말도 잘한다. 丙火가 있고 地支에 水가 있으면 좋으나 癸水가 天干에 나와 丙火를 상하게 하면 여름장마에 몸과 마음이 병든다. 丙火가 없이 丁火만 있으면 여름 산에 불이 붙어 온통 재가 되니 집을 버리고 나가 승려가 될 命이거나 가는 곳마다 나쁜 일이 생기고 원망을 듣는다.

庚辛金을 만나면 꽃이 활짝 핀 여름에 우박을 만난 격이니 상처와 냉해를 입는다. 男命은 처자가 해롭고 女命은 남편과 자식이 모두 惡徒가 된다. 또 평생 동안 이뤄지는 일이 하나도 없다. 戊己土가 天干에 오면 외롭고 근심이 많으며 가난한 중에 외도까지 한다. 그러나 戊土는

壬癸水를 막아 주고 辛金을 매몰시켜 주므로 甲木과 함께 天干에 있어도 된다.

巳午未月의 用神은 水나 地支 중에 있어야 하고 丑 중의 癸水는 천하다. 日主에 丙辛合이 오면 무능하고 用神이 丙辛合이면 사기꾼이다. 巳月에는 丙火가 있어도 地支에 水氣가 없으면 쓸모없는 命이다. 支에 火局이 되면 가뭄을 만난 격이니 신체에 결함이 있고 癸水가 없는데 辛金이 있으면 요절한다. 午月은 뜨겁기 때문에 地支에 壬癸水가 있어야 하나 金으로 生水하는 것이 吉命이다. 戊己土가 있으면 水가 剋을 당해 장애가 생기고 土가 많으면 甲을 필요로 하며 地支에 金만 있어 열기를 식히면 小格을 이룬다.

未月 역시 地支에 水를 요하나 土가 많으면 木이 필요하다. 그러나 支에 金이 있으면 모든 일이 허망하다.

◎ 申酉戌月生

女命은 시집가기 힘들고 과부가 많으면 만나는 남편마다 덕이 없고 생기가 없어 몸과 마음만 상한다. 男命 역시 처자복이 없어 마음고생을 한다. 申酉戌月의 乙木도 역시 丙火가 좋다. 그러나 가을의 丙화는 힘이 없으므로 辰土와 子未土에 뿌리를 든든히 내리면 더욱 좋다. 또 甲乙木으로 丙火를 生해 주면 힘을 얻으니 길한 命이다. 戊土가 이어 金을 묻고 그 위에 나무를 심으니 좋지만 高山之花의 외로움이 따른다.

戊己土에 丙花나 丁花가 天干에 오면 좋고 活人之命으로 문화예술이나 교사가 되어 돈은 있지만 외로움은 가시지 않는다. 壬癸水가 나타나면 병치레가 많고 불길하므로 戊土로 制해야 貴하다. 地支에서는 辰土나 子未土를 쓰는데 金神이 있으면 午戌未로 制해야 한다. 地支에 寅, 午, 未 등으로 丁火가 金神을 制하면 공포를 벗어난 유능한 인물이 된다. 申月에는 庚金이 旺하고 木氣가 약해지므로 丙火가 필요하고 여기에 未, 辰 등의 養生土가 있어 뿌리를 튼튼히 하면 길하다. 酉月 역시 金이 旺하므로 地支에 金局을 이루면 干에 丙丁火를 要한다. 戌月은 土旺하고 燥土라 癸水를 만나 沃土가 되면 木根을 길러주므로 좋다.

◎ 亥子丑月生

겨울에 피는 꽃이니 온실 속에 있어야 하고 봄(春)을 맞을 수 있어야 길하다. 地支에 寅卯辰의 뿌리가 있으면 봄을 바랄 수 있어 좋고 여기에 午戌未 중 1자가 있으면 좋은 가정에서 자라며 여기에 또 丙火가 있으면 아주 이상적인 四柱이다. 즉 겨울철에 따뜻한 온상에서 핀 꽃이므로 일생동안 부귀영화를 누릴 命이다. 그러나 乙木이 뿌리가 없으면 억새풀이나 잡초 같은 1년생 초화로 변한다.

丙火가 天干에 있으면 햇볕을 쪼이기 위해 밖에서 떨고 있는 격이니 초년에 고생한다. 戊土로 바람을 막고 丁火로 따뜻하게 해주면 부귀할 命이다. 戊土와 丁火없이 壬癸水가 나오면 평생토록 가난하며 亥子月生 女命은 남자도 싫어한다. 丁火가 있어도 壬癸水가 天干에 있으면 꽃이 비를 맞아 떨고 축 처져 있는 격이다. 庚辛金이 있으면 丁火로 制하고 壬癸水가 있으면 戊土로 制해야 하며 地支에 金神이 있어 木根이 상했다면 天干에 戊土와 丁火가 있어도 병이 많다.

亥月은 壬水가 있으니 戊土로 막고 丙丁火로 따뜻하게 하면 길. 子月은 戊土와 丁火를 필요로 하나 壬水가 天干에 있으면 벌거벗고 눈보라 속에 쫓겨난 격이고, 丑月에도 丙丁火가 필요하며 土가 많으면 甲乙木으로 制해야 한다.

제3절 병화(丙火)

丙은 陽이며 火이다. 丁火와 함께 불이기는 하나 木材 등을 태우는 불이 아니라 태양과 같이 모든 만물을 비추어 생장하는데 도움을 주며 사방을 밝히는 불로서 우주에 존재하는 모든 생물체에 氣를 확산시킨다.

그러나 丙火가 辛金을 보면 원래 약한 辛金과 합유한다. 즉 丙辛合을 이루므로써 그 氣가 약해진다. 또 丙火가 土를 보면 맹렬(猛烈)한 火가 능히 土를 건조시키기는 하나 그 기운이 빠져 火가 어두워지는데 다만 己土를 만나면 무방하나 戊土는 꺼린다.

이같은 원인은 己土는 유토(柔土)로서 火의 정(精)을 적게 빨아들이나 戊土는 강토(岡土)로서 火의 精氣를 빨아들이는 힘이 강하므로 이루어지는 현상이다.

丙火가 地支에 寅午戌을 만나고 天干에 甲木이 투출하면 이는 火가 太旺이 되어 같은 火끼리 불살라 버리므로 나타나서는 안된다.

특히 丙火의 성질은 청렴하고 급하다. 丙日生人은 春秋(봄과 가을)를 기뻐하는데 春에는 만물에 따뜻한 빛을 발하여 育成시키고 秋에는 백곡(百穀)을 여물게 하는 까닭이다.

丙火가 만일 申酉戌亥子丑月에 낳고 다시 地支에 申子辰의 三合 水局을 이루면 旺한 水의 제압을 받아 일생을 망치고 처와 이별로 인하여 고독한 生을 보낸다. 그러나 寅卯辰 春節과 巳午未 夏節에는 壬水나 甲木을 기르게 되므로 어려운 일들이 성사될 수 있다.

◎ 상징

丙火는 南쪽으로 계절은 여름을 칭하며 색은 赤, 맛은 쓰며 성격은 예의바르며 신체부위로 치면 심장이다.

오음 중에는 舌音, 오성 중에는 徵音을 나타낸다.

◎ 질병

심장, 눈, 소장, 혈압, 치통 등의 질병이 많다.

◎ 인물

안창호 선생, 특히 丙火 甲神을 쓰는 자는 외교관, 교육자, 사회운동가, 전자제품업 CEO 등이 많다.

◎ 성격

丙火는 확산의 氣가 특히 많아 성격이 급하고 앞뒤를 가리지 않고 직설적인 편이며 과장이 심하다. 사소한 일도 넘어가지 않고 문제를 확대시키며 술을 좋아하는 한편 여자들이 따르는 성격이다.

◎ 用神

丙火는 태양火와 같아 밝고 따뜻하며, 만물을 生育하는 미덕이 있다고 하였으니 壬水를 가지고 甲乙木을 생육, 배양하며 결실을 맺는 것을 제일의 본분으로 한다.

壬, 甲 중 1자만 있어도 좋다. 壬水는 貴格이고 甲木은 富格이기 때문이다. 乙木은 小富이며 春夏節에는 길하다. 壬水없이 甲木만 있으면 성실하게 곡식만 그리며, 木火로만 이루어지면 전문직이나 기술직이다. 甲寅, 甲辰은 길하고 甲午, 甲申은 中吉이며, 甲子는 小吉이다. 壬申이 용신이면 春夏節에 길하다.

甲乙木은 辰土에 앉아야 하며 申有戌月에 있으면 불로소득을 노려

욕됨이 있다. 또 寅午戌, 巳午未에 있으면 貴는 이루지만 단명하고 노후에 살아남아도 허망할 뿐이다.

天干에 庚金을 만나면 나무가 냉해를 입은 격이니 주색에 빠진 사람이며, 女命은 곗돈놀이로 패가망신하여 가난하고 욕되게 산다. 男命인 경우에는 남의 어려움을 돌보는 사람이 되나 처복이 없다.

辛金이 天干에 나오면 丙辛合이 되어 丙火가 본분을 망각하고 나무를 기르지 아니한다. 壬水가 乙木과 함게 天干에 있으면 꽃에 물을 부은 격이므로 몸이 아프고 꽃을 키우는 격이 되어 바람만 피우고 허송세월한다. 따라서 丙日主는 乙木과 水가 있으면 바람둥이다. 癸水가 있으면 햇빛을 가리므로 무능하여 농사꾼들이 욕을 한다. 丙火가 또 있으면 질투와 시기함이 많고, 日主가 약하여 丁火에 의지하면 안된다.

戊土가 天干에 있으면 큰 산을 태양이 가린 격이므로 게으르고 己土가 나오면 태양광채가 땅으로 떨어진 격이므로 부지런하나 성과가 없다. 己土는 또한 甲木과 合하여 돈을 내다버리고 壬水도 剋해 물을 흐리게 한다. 己土가 年에 있으면 조상 대에 망했고 月에 있으면 부모 대에 망했으며 時에 있으면 자손이 무기력하다.

✪ 寅卯辰月生

丙火의 본분인 甲乙木을 기르기 위해서 壬水가 반드시 필요하고 甲木이 뿌리내릴 辰土가 있어야 한다. 이같은 四柱를 타고난 자는 부유한 가정 출신, 노후에는 甲木이 결실을 이루어 부귀를 누리며 자손 또한 훌륭한 인물이 된다. 그러나 여기에 壬水가 없으면 가난하고 乙木만 나오면 사치와 방탕으로 거둘 것 없는 처량한 신세요, 癸水를 만나면 어려서 구차하고, 중년에 小富되나 말년에 모두 잃는다. 癸水는 丙火를 막아 아무 일도 못하게 하는 고로 丙火는 癸水를 매우 꺼린다.

木이 없고 戊土가 나오면 넓은 땅에 심을 나무가 없으니 게으르고 가난하다. 여기에 壬水가 나오면 폭도가 되거나 일생을 병고로 시달린다. 己土에 天干에 나오면 壬水를 흐리게 하고 丙火의 얼굴에 흙탕물을 끼얹으니 태양이 땅에 떨어져 체면이 말이 아니다. 己土는 天干에 癸水가 올 때 이것을 쳐내는 데에만 필요하다.

庚辛金이 天干에 오면 甲乙木이 우박 서리에 냉해를 입게 되므로 게집질하다 망신살이 뻗친다. 庚金은 부지런해서 중년까지는 덕을 쌓지만 색을 밝혀 망하고 辛金은 남을 망하게 한 후 자기 몸도 버리는 丙辛合이 된다. 이때 丁火로 辛金을 制하면 치사하긴 해도 편하다. 時에 庚金이 오면 어려운 일을 해결하는 해결사나 중개인이다. 지지에 寅午戌 火局인데 水氣를 만나지 못하면 초년에 부유해도 말년이 어렵다.

寅月에 壬水를 만나면 덕망 있고 여기에 甲木도 있으면 지도자의 命이며 雨水 전에 金이 많으면 주색으로 방탕한다. 卯月에는 辰土 위에 甲木이 튼튼히 뿌리내리는데 만일 水多하면 戊土로 막는다. 辰月에 土多하면 木을 써야 한다.

✪ 巳午未月生

丙火가 제철을 만나 기쁘지만 壬水가 天干에 나오고 지지에 金水가 나와야만 좋은 命이다. 甲木이 있으면 성실하고 부를 이루고, 乙木이 있으면 예쁘고 보기 좋으나 실속없는 바람꾼이며 문화·예술인 기질이 있다. 甲과 壬이 있으되 지지에 水氣가 없으면 활약이 짧고 중동에 좌절하게 된다.

庚辛金이 天干에 있으면 복을 없애는 형국이 되며, 壬水가 있으면 合을 이루어 할 일을 두고도 情事만 일삼는 사람이 되게 한다. 庚辛金을 制하기 위해 丁火를 필요로 한다. 丁火가 天干에 나오면 어려운 일을 해결한다. 壬甲이 없는데 戊土가 있으면 일하기 싫어하는 賤人이며, 己土가 있으면 떠돌이가 될 것이다. 戊己土가 있으면 빈 땅에 나무를 심어야 하나 甲乙木이 없으므로 대체로 게으르다. 그러나 丁火가 天干에 나왔을 때는 이를 制하기 위해 戊己土를 쓴다. 庚辛金이 없는데 丁火가 있고 또 戊己土가 없으면 지닌 재물을 남에게 빼앗기게 된다. 天干에 癸水가 있으면 여름의 해가 먹구름에 가렸으니 병고에 시달려 제 할 일을 못하고 구설수에 잘 오른다. 또 己乙癸를 만나면 인물이 수려하고 출중하여 젊을 때 만인의 칭송을 듣지만 노년에는 폐인이 되는 命이다. 壬甲이 있어도 지지에서 木根이 상했으면 외양은 그럴듯해도 내실을 이루지 못한다.

巳月 丙火가 壬水를 얻지 못하면 쓸모없는 命이 되므로 壬水를 剋하는 戊土를 꺼린다. 午月에 壬水와 庚金을 함께 가지면 권력자가 될 것이나 戊土가 있으면 우둔해서 쓸모없다. 未月도 壬庚이 있으면 좋고 土多하면 甲木이 있어야 한다.

◎ 申酉戌月生

가을은 만물이 생장을 멈추고 거두어들이는 시기이며 하루 중의 해가 서산을 넘는 때이므로 丙火의 氣가 약하다. 이때는 木火로 氣를 배양하고 壬水를 보좌로 쓰면 결실을 거두고 일생이 편안하며 부귀를 누리게 된다. 그러나 木이 없으면 재물 없이 빈손으로 일생을 보내고 甲木 대신 乙木이 나오면 화창하고 깨끗하나 노년이 처량한 풍류객이다. 丙火는 이미 서산에 진 태양이고 丁火는 酉에 떠오르기 시작하는 때이므로 丁火가 天干에 나오면 여기에 의지해서 먹고살아야 하는 치사한 命이지만 丙火는 자존심만 강해진다.

甲乙木이 있어도 壬水가 보좌해 주지 못하면 놀고먹기를 좋아한다.

甲과 壬이 있어도 지지에서 木根이 金申의 상해를 입는다면 불길하다. 이때는 午戌未[丁火]가 필요하다. 天干에서도 庚辛金이 목을 상해하면 丁火가 필요하다. 이때 丁火가 있으면 活人之命으로 덕을 쌓으므로 의사나 장군이 되기도 한다. 戊己土가 보이면 쓸데없는 일이 많으니 乙己면 사치와 방탕생활을 즐기고 甲戊가 있으면 부모의 재물을 내다버린다. 지지가 金局일 때 庚辛金이 있으면 女命은 不美하고 男命도 배우자가 不美하다.

申月에는 지지에 寅卯辰이 없는 것이 좋고 水旺하면 戊土를 쓴다. 酉月에는 丙火가 死地이므로 甲乙木과 壬水를 요한다. 戌月에도 지지에 寅卯辰이 없는 것이 좋고 甲乙木과 壬水가 天干에 있어야 한다.

◎ 亥子丑月生

겨울의 丙火는 할 일도 없을 뿐 아니라 소외당하기 일쑤다. 그러므로 오직 봄날을 기다리며 어려움을 참아내야 하니 가난한 집에서 어렵게 태어나 젊어서 고생하고 노년에나 희망이 있는 命이다. 그러나 겨울의 찬바람을 막아줄 戊土나 따뜻한 기운을 만드는 丁火가 있으면 조금 낫다.

甲木이 있고 지지에 寅卯辰 중 1자라도 있어 사해됨이 없어야 봄을 기다릴 수 있지만 이 命은 의기소침하고 겁이 많다. 그러나 木根이 金神에 잘려 버리면 天干에 甲乙木과 戊土丁火가 있고 庚辛壬癸가 없다 할지라도 병고와 악행으로 부모와 사회를 슬프게 하고 남을 망치며 자신을 버리는 命이다. 추운 겨울 바람을 戊土로 막아 주면 活人之命이요, 그 안에 甲木을 심고 壬水를 지닌다면 중년 이후에 貴命이 되고, 甲이 있고 지지에 火土가 있으면 富는 이룬다. 辛金이 있으면 요절할 운인데 이를 丁火로 막아도 천한 命이 될 것이며, 溪水가 있으면 머물 곳이 없으므로 이를 戊土로 막아도 괴로움은 매한가지다. 또 丁火와 甲庚이 있으면 남의 노력을 빼앗는 수치스런 命이다.

亥月에 지지가 木局이고 천간에 甲乙木이 있다면 욕심 많고 능력 없는 사람이다.

제4절 정화(丁火)

丁火는 陰이며 火다. 그러나 丙火와 같은 불이기는 하나 빛(光明)을 밝히는 것이 아니고 무쇠를 녹이고 나무(木材 등)를 태우는 活火이다.

또 땅에 있어서는 등화(燈火)이나 하늘에 있어서는 별빛(星光)이다. 丁火는 본성이 유(柔)하고 성(性)은 순(順)하며 빛은 담홍색, 맛은 상쾌하며 음성은 청량하다.

丁火는 外陽內陰이니 가을(秋)에도 가(可)하고 겨울(冬)에도 가(可)하다. 그러므로 辛金이 乙木을 상(傷)하지 않는데 丙火가 木을 태워 없애는 것과는 다르다. 丁火가 壬을 만나면 壬水가 丁火를 剋하지 않으니 즉 丁壬이 合되는 까닭이다. 丁火는 신하요, 壬水는 임금(王)으로 신하가 임금에게 忠誠하는 마음 때문이다.

그러나 丁火가 壬과 合을 이루면 비록 戊土를 만나도 두려워하지 않는데 그 이유는 丁壬이 合木하여 戊土를 제압하는 까닭이다.

또 丁火는 甲木을 태워 庚金을 녹여서 쓸모없는 辛金을 만들고 庚金을 다듬어 甲木을 잘라 材木을 만드는 경우와 甲木을 불질러 庚金을 기물로 만드는 일을 하기도 한다.

◎ 상징

계절은 여름이고 방향은 남쪽인데 축소지향적이므로 작고 단단하다. 예절바르고 횃불, 산소, 가스불 등을 상징한다.

◎ 질병

丙火와 같은 심장 중심이다. 시력, 혀(脣), 고혈압, 정신 신경 등 질병으로 火가 의미하는 병들이다.

◎ 인물

이승만, 이율곡 등인데 의사, 법관, 장성, 정치인, 아나운서 등이며 丁火를 日主로 하거나 用神으로 쓰면 인자하고, 자상하고 만인에 봉사하며 베푸는 자라 한다.

◎ 성격

丁火日主의 경우 변화의 폭이 넓고 자신을 희생하면서도 상대를 구하는 성격의 소유자, 급한 성격 탓에 담배를 많이 피우기도 한다. 그러나 흉신(凶神)일 때 담배와 술은 치명적일 수 있다(심장마비 등)

◎ 用神

丁火는 甲木을 태워 庚金을 기물로 만드는 것이 제일의 본분이다. 그러기 위해서는 木을 써야 하는데 甲木과 같은 장작불이 필요하다.

또 乙木은 庚金과 合이기 때문에 아무리 庚金을 단련하려 해도 수포로 돌아간다.

이에 대하여 乙木을 쓸 때는 가을(秋)과 겨울(冬)에는 쓸 수 있다.

丙火가 天干에 있으면 丁火가 빛을 잃고 힘도 빠져 아무 일도 못하므로 무조건 나쁘다. 이때는 辛金으로 丙辛合을 이루도록 하는데 이는 지혜로운 四柱이다. 또는 癸水로써 丙火를 制하면 되지만 이럴 경우 자신의 몸이 많이 상한다.

戊土가 天干에 있으면 甲이 戊를 剋하여 庚金이 상하므로 가산을 탕진하고 처자가 불손하다. 己土가 있으면 甲己合이 되므로 일하려 해도 손발이 안 맞고 앞뒤가 틀려지므로 무능할 뿐이다. 따라서 하고자 하는 일마다 이루어지는 것이 없고 원망만 듣게 된다.

辛金은 丁火 日主에 가장 나쁘다. 즉 완성된 보석을 불어 던져 넣어 못 쓰게 만드는 격이므로 남도 망치고 나도 망치는 등, 되는 일이 하나도 없다. 이때는 甲乙木이 있고 庚金이 있어도 소용없다. 자식을 나아도 엉뚱한 짓만 하고 다녀 일생에 보탬이 안된다. 辛金이 年干에 있으면 조상 때 망했고 月干에 있으면 부모 때 망하고 時干에 있으면 자식 때 망한다.

壬水가 天干에 있으면 제 할 일을 놔두고 색을 탐하며 본분을 망각하여 庚金을 녹이지 않는다. 丁과 壬은 음란한 合을 이루기 때문이다. 陽日主가 合이 되면 나쁘지만 陰日主가 合되는 것은 정상 참작해 준다.

甲이 없고 庚만 있으면 부모는 불길해도 자식은 성공하나 자신은 힘이 딸리고 정력이 부족하다. 庚이 없고 甲만 있으면 힘은 있는데 일거리가 없어 가난한 선비와 같고 건강이 약하다.

❂ 寅卯辰月生

寅卯辰月에는 모든 것이 어리고 유약하므로 丁火 역시 그 힘이 강하지 못하다. 甲木을 태워야 하나 불이 약하고 나무가 젖어 있으니 잘 타지 않고 연기만 나므로 하염없이 눈물이 난다. 그러므로 태어날 때부터 부모 속을 썩이고 서럽게 태어난 命이다.

甲庚을 用神으로 하여 지지에 辰土가 있으면 부귀한 命이지만 己土나 乙木이 있으면 合이 되어 쓸모가 없다. 天干에 壬水가 있으면 가난하고 癸水가 있으면 병이 많은데 戊土로써 壬癸水를 막으면 장군이 되어 난세에 나라를 구하거나 의사가 되어 병자를 치료하며 중년 이후에 후덕한 命이 될 것이다. 丙火를 만나면 못된 일만 골라하여 부모를 울리고 어른이 되어도 처자를 거느릴 수 없다. 戊己土가 많으면 부모가 일찍 죽고 木神이 많은데 壬寅時를 얻으면 자수성가하여 크게 성공하나 처가 어지럽다. 이 경우 女命은 첩이 되거나 화류계에서 눈물을 흘리게 된다. 또 丁火가 있으면 요절하거나 중이 된다.

寅月에는 木王하여 불태우려 해도 눈물만 나고 불붙지 않으니 부모 속 태우고 심신이 괴롭다. 卯月은 丁火를 끄는 격이니 신체가 허약하고 지구력이 약하다. 己土를 용신으로 하는 자는 다재다능하다. 辰月 丁火는 甲木과 庚金이 있으면 대길하다. 甲만 있으면 일거리가 없고 甲이 없으면 乙木으로 대신하되 庚金과는 멀리 있어야 한다.

✪ 巳午未月生

地支에 약간의 水己가 있고 甲과 庚이 있으면 富貴命이나 甲만 있으면 일찍 죽거나 중이 되고 庚만 있으면 일이 성사되지 않는다. 甲庚이 다 있어도 乙이 있거나 癸가 있으면 불길하다. 甲庚이 둘 다 없으면 戊己土로 대신하나 부귀를 못 이룬다. 丙火가 나타나면 丁火가 쓸모없어지니 癸水로 막는다. 그러면 富는 없고 貴는 한다. 水神이 전혀 없이 火旺하면 女命은 비참하고 不吉하다. 辛金을 만나면 가산을 탕진하고 몸을 망친다. 그러나 丙甲이 있고 지지에 辰과 亥가 있으면 活人之命이며 德人이 될 수 있다. 壬水가 있어 丁壬合이 되면 인생을 망친다.

巳月 丁火는 庚金만 필요하며 甲木이 있으면 의타심이 강하다. 甲庚辰이 있으면 부귀가 있으나 지지에 火神이 많으면 부귀가 짧고 자손이 불미하다. 午月에 寅午戌 火局이 오면 甲木이 타므로 단명하고 부모의 마음이 아프다. 또 壬癸水를 만나면 요절한다. 未月에 土旺하면 월초에 庚을 쓰고 후반에는 甲을 먼저 쓰면 丁火가 본분을 다하므로 가정이 화목하고 하는 일이 다 잘된다.

◎ 申酉戌月生

甲을 먼저 쓰고 庚을 쓰면 大富大貴한다. 甲庚 중 1자만 있어도 小富는 하며 지지에 午가 있으면 더욱 좋다. 丙火를 만나도 氣를 빼앗기지 않으며 乙木을 庚金과 멀리 놓으면 小貴한다. 庚辛金이 같이 있고 木神이 없으면 처궁에 질병이 있고 女命은 지아비가 여러 명이 된다. 壬癸水는 戊土로 막아주면 되고 甲戊庚이 함께 있으면 부귀해 보이지만 男命은 배다른 자식을 보게 되고 女命은 姓이 다른 자식을 두되 하나도 기르지 못하는 부끄러운 命이다. 申月에 金多하고 木이 없으면 부끄러운 命이며 壬癸水는 戊土로 막아야 된다. 酉月에 金氣가 旺하면 甲木이 반드시 필요하다. 丙火가 와서 丁火가 약해지지 않도록 戊土를 세우면 되지만 壬癸水를 꺼린다. 戌月에도 庚甲을 아울러 쓰는 것이 제일이나 庚金이 없을 때는 戊己土를 쓴다. 戊己土는 인품이 맑고 성정이 고우나 큰 복은 찾을 수 없다.

◎ 亥子丑月生

甲木이 있어야 불길이 치솟아 주위를 따뜻하게 하고 庚金을 녹일 수 있으니 甲木이 필요하다. 水旺하므로 찌에 辰土와 未土가 있어야 물에 떠다니는 것을 피할 수 있다. 찬바람 속에 丁火가 있기 위해서는 바람막이 戊土가 필요하니 甲戊庚이 함께 있어야 富貴之命이다. 丙火가 있으면 己를 빼앗기므로 癸水가 있어야 한다. 辛金으로 인하여 丙火와 合을 이루면 재주는 있으나 성취하지는 못한다. 甲乙木이 많고 지지가 木局이면 金으로 制하고 지지 水局이면 戊土를 쓴다.

亥月은 아직 冷하지 않으니 甲木을 먼저 쓰고 庚金을 나중에 쓴다. 지지가 水局이면 土를 쓴다. 子月에는 戊土를 먼저 써서 바람을 막고 甲木과 庚金을 써야 丁火가 제 할 일을 한다. 이때 丙火가 나오면 丑月에는 이미 金己가 약하므로 甲木만 나와도 좋다. 이때도 丙이 있으면 丁火가 약해지고 추위에 떨게 되므로 꺼린다.

제5절 무토(戊土)

戊는 陽이며 土다. 戊土는 고(古)하고 중(重)하다. 하늘에 있어서는 안개를 상징하고 땅에서는 대륙(大陸)이요, 산(山)이고, 성원(城垣)이며, 제방(堤防)이다. 또 戊土는 五行의 中央에 위치하여 모든 天干을 다스리는 작업을 한다.

春節에는 희망과 포부를 가지고 만물을 잉태하고 길러내며 夏節에는 활발하게 나무를 키우고 장마비로 넘치는 강물을 막아내며 秋節에는 결실을 보고 휴식을 갖는다.

木火金水 四行을 순환시켜 주며 그들을 미워하지 않는다. 그런데 戊土가 辛酉戌亥子月에 生하면 火로 더욥게 함이 마땅하니 만물이 화성(化成)함이요 습(濕)하며 만물이 병(病)이 들어 화생하지 못한다.

간토(艮土)는 寅官이요, 곤토(坤土)는 申官이다. 원래 土 寅申巳亥 사우(四隅)에 기록(寄祿)하는 바, 寅申官에서 氣하고 巳亥官에서 득록(得

祿)하는 고로 즉 간곤(艮坤)에 그 취지를 정하게 되는 것이니 정(精 - 冲을 받지 않는 것)함을 기뻐하고 冲함을 꺼린다.

❂ 상징

투쟁성, 고집, 과묵함을 상징한다. 지상에서는 산이되 태산이다. 高山의 좋은 良土를 가지고 있으면 서로 강인하다고 본다.

❂ 질병

위장, 당뇨, 피부염 등이며 신체는 人體의 中央에 위치하여 각 부위를 조절하고 영양을 공급해주는 역할을 한다.

❂ 인물

장면, 이범석, 이병철(삼성그룹 전회장) 등이다.

❂ 성격

포용력이 많고 털털한 편으로 자신을 욕하는 사람에게 관대할 줄 안다. 그러므로 운동선수, 군인, 농업 등의 직업도 좋다.

戊土의 성격상 때로는 줏대 없고 우유부단하다는 평도 들으며 가정을 위하는 마음이 크다. 만약 戊土 日主가 흉신(凶神)일 경우 건달(깡패)로서도 크게 이름을 날린다. 고인된 김태련(별명:낙화유수)이 戊土 日主다.

❂ 用神

戊土는 나무를 울창하게 기르고 결실을 맺게 하는 것이 가장 큰 임무이므로 甲木과 丙火가 天干에 있고 地支에 水神이 있어서 수림이 울창하고 그 속에 만물이 살아 있으면 부귀를 갖추는 것이다. 즉 산에 나무가 울창하면 식솔이 많은 것이므로 부귀하다고 본다. 甲木과 丙火가 天干에 있으면 大吉하나 癸水가 있으면 丙火를 가리고 戊土와 合이 되므로 地支에 있어야 좋다. 이때 地支에는 水氣가 암장된 辰土가 가장 좋다.

天干에 壬癸水가 있으면 甲乙木에 장마 비와 강물이 들어 뿌리가 썩으므로 평생을 돈 때문에 고생한다.

甲木과 丙火 없이 癸水만 있으면 또한 평생 고독하다. 丙火만 있으면 초·중년에 교사나 학자로 대접받지만 40세 이후에는 역시 고독과 가난에 견디기 힘들다. 丁火가 天干에 있으면 나무가 울창한 산에 불이 난다. 癸水로 불을 꺼 高官이 된다고 해도 가정이 화목하지 못하며 평생에 결실을 맺지 못한다. 壬水를 길어다 끄려고 하면 힘만 들고 성과가 없다. 따라서 丁壬合이 되어도 편하기는 하나 고독하며 평생을 돈걱정할 命이다. 또 壬癸水는 몸이 병들어 자신을 망치게 하고 春夏節生 戊午 日柱는 남녀간 배우자궁이 不美하다.

戊氣土가 天干에 많고 甲이 없으면 넓은 산에 심을 것이 없으나 이것저것 많이 배운다. 木이 하나 있으면 허허벌판에 나무 하나 심은 격이므로 게으른 사람이며 요행수를 바라고 욕심을 내다 망한다. 또 木은 많은데 土가 없으면 이것 역시 욕심만 많아 일이 안 풀린다. 庚辛金이 있고 甲木이 있으면 남녀간 배우자가 복잡하고 예측하기 힘들며 男命은 자손도 不美하다. 이는 또 우박과 서리를 맞는 격이므로 되는 일이 없다. 金神이 地支에 있어 木의 뿌리를 상하게 하면 모든 일이 끝을 못 보고 중단된다. 木火없이 金神만 나오거나 土가 많고 庚辛 중 1자만 나오면 戊土는 광산이 되고, 戊己土 日主에 巳午未 月支면 돌산이 된다.

◎ 寅卯辰月生

寅卯辰月은 만물이 소생하는 계절이며 戊土는 木을 길러 결실을 보는 것이 첫째 임무이므로 甲木과 丙火를 필요로 한다. 甲과 丙이 있고 地支에 辰土가 있으면 봄산에 볕이 들고 기름진 옥토가 있으므로 수림이 보기 좋고 동물이 풍요롭게 뛰어노니 젊어서는 학문이 아름답고 늙어서는 결실이 풍요롭다.

甲이 있고 丙이 없으면 노력은 많이 하나 결실이 없고 丙이 있고 甲이 없으면 보기에는 그럴싸해도 실리가 없다. 甲丙은 用神으로 하는 자도 인품이 수려하고 성실해서 培養의 덕을 갖추었으니 大吉하다. 甲木이 없어 乙木을 쓰면 젊어서는 호화롭지만 노년에는 힘들게 산다.

地支에 寅木이 있고 寅午戌 火局이 들면 寅木이 타버리니 재산을 날리고 출가하여 중이 되거나 고아가 되어 걸인이 된다. 丁火가 들면 봄산에 불이 난 격이니 이 또한 가족을 버리고 중이 된다. 이때는 壬癸水를 취해 불을 꺼야 하나 몸이 아프고 돈걱정으로 평생을 시름 속에 보낸다. 그러므로 丁火는 초목이 자라지 못하게 하는 庚辛金이 天干에 나오면 이것을 制할 때만 쓴다. 또 地支에 金神이 보이면 木根이 상하므로 午戌未로 制해야 한다. 壬癸水가 旺하면 木根이 썩어들기 때문에 꺼리는데 日艮의 戊土 외에 또 戊土가 있어서 이를 制해야 안전하다.

寅月 戊土에 午戌이 있으면 火局이 되어 뿌리가 상한다. 卯月도 寅月과 다를 바가 없으나 地支에 辰土가 없을 때는 子未土로 대신하면 吉하다. 辰月에 金神이 地支에 드는 것을 꺼리며 寅이 있으면 인물이 잘 생겼다.

◎ 巳午未月生

巳午未月의 戊土는 활력이 넘치고 甲木을 잘 기를 수 있어 가는 곳

마다 인기도 좋고 어려운 일을 만나지 않는다. 그러나 이때는 火가 旺하므로 열기를 식혀 줄 水神이 필요하며 생육이 왕성하여 地支에도 水氣가 필요하다.

甲이 없고 乙木만 있으면 小吉하며 甲乙木 둘 다 없으면 민둥산이 되니 게으르고 답답한 사람이다. 丁火가 있으면 불이 났으므로 온산이 회색빛 재로 덮여 중이 될 命이며 寅午戌 火局도 甲木을 태우니 불길하다. 이때는 壬癸水를 쓴다. 그러나 壬癸水를 써서 불을 꺼도 애초에 火氣가 없는 것보다 못하고, 壬水를 쓰면 물을 길어다 쓰니 힘만 들고 癸水를 쓰면 戊癸合이 되어 본분을 망각하고 培養의 덕을 쌓지 않으니 모든 일이 잘 안되어 자기 몸 망치고 남까지 망치는 도독놈이다. 그러므로 丁火는 庚辛金이 나올 때만 쓰고 壬癸水는 戊土로 막아야 한다. 辛金은 戊土에 묻혀 버리니 자기가 잘났다고 아무리 떠들어도 남이 알아주지 않고 벼슬길이 열리지 않는다.

巳月에는 辰土가 필수이고 水局을 이뤄야 한다. 甲乙木과 丙火가 天干에 있으면 좋으나 巳酉丑 金局이 오면 不吉하므로 金局일 때는 甲木이 없으면 좋다. 午月에는 地支에 水局이 있어야 吉하며 寅午戌 火局이면 빈천하고 요절하기 십상이다. 未月에 丑戌이 地支에 있으면 고집이 세다.

❂ 申酉戌月生

申酉戌月의 戊土는 그 氣가 약하여 쉬고자 하므로 丙火로 활기를 불어 넣어주면 좋다. 木은 결실을 맺는 단계이므로 甲木과 함께 丙火가 있어야 부귀를 이룬다. 秋節의 수림은 단풍이 들고 그 속의 식솔들이 가을걷이를 하는 때인지라 壬癸水를 필요로 하지 않으며 甲木 대신 乙木도 사용한다. 그러나 乙木은 결실의 양이 얼마 되지 않고 오히려 문화를 개척하는 사람이다.

丁火가 天干에 나오면 가을 마른 산에 불이 난 격이니 1년 농사 다 망치고 10년 공부 쓰일 곳이 없으며 사람 한평생이 허무하기 짝이 없다. 그러나 가을은 金旺하므로 丁火가 나와 金神을 녹여 주어야만 결실을 볼 수 있다. 庚辛金이 있고 丁火가 있으면 貴命이다.

地支에 寅卯辰이 있으면 金神에 剋을 당한다. 午戌未로 보온하면 吉하고 木이 있으면 貴命이다. 秋節에 金이 旺하므로 庚辛金이 天干에 있으면 木이 상하기 때문에 절대 꺼린다. 만약 庚辛金이 있으면 반드시 丁火로 制해야 한다. 壬癸水가 天干에 있으면 비록 甲丙이 있고 金이 없어 길하다 하더라도 평생 횡액만 따르게 된다. 壬은 쥐어뜯으며 싸우고 흩어지며 癸는 속이 빈 쭉정이뿐이니 궁핍함을 면할 수 없다. 이때는 또 하나의 戊土가 나와 水를 막아 주면 좋다.

申月 戊土는 天干에 甲丙이 있어도 地支에 寅木이 있으면 申金과 冲이 된다. 이때는 地支의 午火로 구제한다. 酉月 戊土는 午火가 없어도 金神이 묻혀 버리니 별 탈은 없으나 卯가 와서 冲이 되면 天干의 甲木이 죽는다. 戌月에는 丙火가 氣를 잃어버렸으니 甲을 먼저 쓴다.

✪ 亥子丑月生

亥子丑月은 날씨가 춥고 땅이 얼어붙어 만물이 쉬며 겨울잠에 들기 때문에 寒氣를 막고 보온하여야 생명이 끊이지 않고 봄을 기다릴 수 있다. 따라서 甲乙木과 丙丁火가 반드시 필요하다. 丙火만 있어도 富할 수 있으나 地支에라도 寅木이 있으면 부귀한다. 甲丙이 있고 地支에 寅卯辰이 있으면 봄을 맞아 반드시 화창하게 살아날 것이니 초년에는 고생이 있더라도 중년 이후에는 피어날 命이다.

丙火 대신 丁火가 오면 초년에는 따뜻해서 편히 지내지만 중년 이후

로는 애석한 눈물을 흘리며 한스럽게 살아간다. 甲丙이 있어도 地支에 子水가 있으면 발복(發福)하지 못하고 병으로 고생한다. 또 水局이 오거나 癸나 壬이 天干에 오면 되는 일이 없다. 이때는 戊土가 있어서 水를 制하면 구제가 가능하다.

庚辛金이 나오면 甲木이 상하므로 不吉하고 金神이 地支에 있어도 甲木의 뿌리가 상해 내일을 기약할 수 없다. 庚辛金은 丁火로 녹여 없애야 하는데, 丁火를 쓰면 活人之命이나 자신의 영화는 없고 오직 가난하다. 地支에 午戌未가 있으면 木根을 지켜주므로 초년이 좋고 午戌未가 없으면 초년에 고생한다. 亥月 戊土가 辰土를 보면 富貴之命이며 地支 木局인데 土가 없으면 욕심을 부리게 된다. 子月에 天干 甲丙 地支 寅辰이면 富하고 申子辰 水局에 壬癸水는 안되고 午戌未가 있으면 좋다. 丑月 戊土는 丙火를 기다리며 세월을 보낸다.

제6절 기토(己土)

己는 陰이며 土다. 陰土들은 그 질(質)이 비습(卑濕)하다. 하늘에 있어서는 구름(雲)이요 땅에서는 진흙(眞土)이며 전원(田園)이다. 戊己土는 다같이 中正之土이나 戊土는 고중(固重)하고 높은(山) 반면에 己土는 俾濕하니 이 점이 다르다.

己土는 또 축장(蓄藏)하는 德이 있으므로 목의 盛함을 근심하지 않고 水의 왕양(汪洋)함을 두려워 아니한다. 그리고 己土는 木의 뿌리를 북돋고(培) 水의 범람함을 그치게 하는 힘이 있는데 그것은 己土가 甲木을 보면 甲己合하여 서로 아끼는 정(情)이 있으므로 木의 왕성함을 걱정하지 않기 때문이다.

또 水를 보면 제방(堤防)을 쌓아 그 물을 저축하는 능력이 있으므로 水의 汪함을 두려워하지 않는다.

己土는 火를 보면 능히 火의 기운을 빼앗아 이롭게 하고 金을 만나면 土生金으로 금을 윤택케 하는 것이나 오직 만물을 자생(滋生)케 하려면 丙火를 만나 비습한 氣를 없애주고 戊土를 만나 그 生長力을 도와주어야 한다. 또 己土는 택지와 같아 모든 것이 人間과 가까이 접하고 의존하게 된다.

◎ 질병

비장 췌장, 맹장 등이다.

◎ 인물

백범 김구, 장재석 총통, 태조 이성계, 김영삼 등이다. 이들이 己土日主를 대표하는 인물이라고 하기 보다는 독자들이 익히 잘 아는 사람들이기 때문에 나열한 것 뿐이다.

◎ 성격

사교성이 좋고 많은 사람이 따른다. 그러므로 최근 유행업인 부동산, 출판, 외교관, 서비스업 등으로 대성할 수 있다.

◎ 用神

丙火로써 甲乙木을 기르는 것이 본분이므로 甲木과 丙火가 天干에 있어야 大富大貴한다. 地支에 水神까지 있으면 추수와 결실이 훌륭한 땅이니 젊어서는 부지런히 일해 주위의 칭송을 들으며 중년 이후 富하다.

甲木은 己土와 合을 이루어 남의 땅에 있는 곡식이 내 땅에 떨어진 것과 같이 되므로 횡재한 命이다. 甲木 없이 乙木과 丙火가 있으면 貴하기는 하나 富가 어렵다. 乙木을 기르면 꽃나무를 기르는 格이니 화류계에 발을 들여놓을 命이요, 바람꾼이며 사치와 낭비가 심하여 實이 없으니 고생이 많고 노후에는 거둘 것이 없다.

甲乙木이 있어도 丙火가 없으면 해가 없는 땅에 작물을 심은 격이니 작물이 살 수가 없다. 그런 까닭에 자식이 없고 배우자와 해로하지 못하며 되는 일이 없다. 丙火는 어느 日柱에나 모두 필요한 것이나 계절에 따라서 조금씩 차이가 있다. 丁火는 기본적으로 甲木을 불태우나 庚金이 天干에 있을 때는 반드시 필요하다. 이때의 丁火를 藥神이라 한다. 丁火를 用神으로 하는 자는 담배를 좋아하고 壬水를 用神으로 하는 자는 술을 좋아한다. 庚金없이 丁火가 있으면 원망을 많이 듣게 되고 가난하다. 戊土가 있으면 항상 위험한 운이 따르고 가난하며 己土가 있으면 德이 없다.

庚辛金이 天干에 있으면 甲木이 우박과 서리를 맞는 격이며 己土가 자갈밭, 돌밭이 되니 부귀가 어렵고 처자가 안심하지 못하고 夫子가 다 성실하지 못하다. 이때는 丁火를 써서 制해야 하는데 만약 丁火로 制하지 못하면 모든 것을 이루지 못하며 욕을 잘 하지만 丁火로 制하면 성공할 命이다.

壬水가 天干에 있으면 가정이 불안하고 재산이 쌓이지 않으며 질병이 있다. 따라서 壬水를 戊土로 막아주지 않으면 탕아나 도둑놈이 소지가 많다. 女命인 경우 정조를 지킬 줄 모르며 처녀로 시집을 가기가 힘들다.

壬水는 홍수로 넘친 강물이므로 己土를 무너뜨리고 자신은 흙탕물이 되기 때문이다. 壬水가 年에 나오면 조상 때 망했고, 月에 나오면 부모

때 망했으며, 時에 나오면 자식이 망친다. 癸水는 저절로 내리는 비이므로 편하기는 하나 풍류를 즐김에 지나침이 있고 丙火를 막으므로 女命의 경우 한 지아비를 섬기기 어렵고 처녀는 시집가기 어렵다. 또 性交는 즐기나 남자를 즐겁게 하지는 못한다. 地支에 辰丑이 있어 戌未와 冲이 되면 밭을 저절로 갈아주니 좋다. 그러나 辰戌 冲은 木根이 흔들리니 나쁘다.

◎ 寅卯辰月生

寅卯辰月에는 밭의 작물이 돋아나고 나무의 새싹이 움트는 때이므로 己土의 임무가 막중하다. 첫째로는 丙火를 받아 작물이 잘 자랄 수 있도록 하고 甲木을 심어 가을의 결실을 준비해야 한다. 따라서 丙火와 甲木이 필요하다.

甲木 대신 乙木을 쓰면 풍치가 화사하고 꽃이 아름다우나 열매가 없으므로 젊어서는 화류계를 드나들며 화려한 생활을 하고 늙어서는 허무한 삶을 돌아보며 한숨만 쉴 것이다. 女命은 특히 자식이 不美하다. 丙火를 用神으로 하면 아내가 남편을 剋하려고 하여 부부간 충돌이 잦다.

丁火가 天干에 있으면 밭에 불이 났으니 허망하고 어이없다. 부모의 재산을 버린 자와 같으니 형제와 이웃으로부터 욕과 원망을 듣는다. 이때는 壬癸水로 制한다.

戊己土가 天干에 있을 때 木이 많으면 戊土와 己土가 나무를 나누어 심으므로 형제간 우애가 각별하다. 庚辛金이 있으면 노력은 많이 하나 공이 보이지 않는다. 이때는 丁火로 制해야 한다. 壬癸水가 있어 丙火를 가리고 己土를 허물어 버리면 되는 일이 없고 고생만 하며 요절할 수도 있다. 壬癸水는 戊土로 制水해야 한다. 地支에 金辛이 있으면 木

根이 상하므로 午戌未로 制하고, 辰戌丑未 冲이 되면 밭을 자주 갈아 주니 수확이 좋다.

寅月에는 寅 중에 戊丙이 있어 辰土의 역할이 없고 卯월에는 辰土가 반드시 필요하다. 辰月에는 甲木을 用神으로 하면 활기 있다.

◎ 巳午未月生

巳午未月에는 만물이 무성하므로 己土 또한 할 일이 많다. 즉 필요해서 부르는 사람이 많으므로 어디 가든 환영받는다. 甲丙이 있고 地支에 辰土나 水局, 水己가 있으면 大富大貴한다. 乙木은 성격이 급하다. 丙火는 있는데 甲木이 없으면 게으르고 丙火가 없으면 곡물이 자라지 못한다. 그러므로 午月이라도 丙火가 필요하다. 丁火는 여름 논밭이 메말라 갈라지고 불이 난 격이니 재산을 탕진하고 출가하여 중이 된다. 그러나 庚辛金이 있을 때는 活人之命이다.

水氣가 하나도 없으면 자식이 병들고 女命은 남편이 병든다. 庚辛金이 丁火없이 天干에 있으면 男命은 처자가 온전치 못하며 女命은 남편과 자식을 거느리지 못한다. 水氣는 地支에 있어야 하나 癸水가 天干에 오는 것은 吉하다. 壬水가 天干에 있으면 불길하다. 女命은 다른 男子와 情을 나눈다. 이때는 戊土로 水氣를 制하고 地支에 辰土나 申子辰 水局이면 夫는 하나 丙火도 같이 있어야 한다.

巳月에는 地支에 子辰水氣가 있고 寅卯木이 없어야 한다. 午月에는 地支에 많은 水氣를 요하는데 寅午戌 火局이면 작물을 망치고 재산도 나간다. 天干의 壬癸水로도 地支의 불을 끌 수가 없다. 未月의 己土는 天干에 甲木과 丙火가 있고 地支가 水局이면 大富하나 甲丙없이 丑未冲만 있으면 小富한다.

◎ 申酉戌月生

申酉戌月의 己土는 丙火를 필요로 한다. 이때는 결실을 맺고 수확하여 쌓아 두는 계절이므로 결실을 잘 할 수 있도록 丙火를 써야 하는 것이다. 地支가 차고 金神이 旺하므로 午戌未로 金을 制해야 한다.

天干에 丙火가 있고 地支에 辰土가 있으면 木의 뿌리가 보존되어 길하다. 乙木과 丙火가 있으면 풍요로운 결실을 보지는 못하나 문학, 예술에 소질이 있다. 丁火는 庚辛金을 制하는 데 필요하며 活人之命이다. 庚金없이 丁火가 天干에 있으면 丙火 用神을 丁火로 썼기 때문에 과부가 된다.

戊土가 있으면 기계를 만지는 기술자이고 己土가 또 있으면 게으르다.

壬癸水가 天干에 있으면 작물이 상하고 몸이 병든다. 이때는 戊土로 막아내고 天干에 甲木과 丙火가 있으면 吉하다.

申月 地支에 申子辰 水局하고 天干에 壬水가 오면 戊土로 막아야 貴命이며 丙丁火가 약하면 홀아비이고 寅午戌未를 만나면 처덕이 좋다.

酉月도 마찬가지로 地支 水局이면 不吉하므로 寅卯木이 없는 게 낫다.

戌月 己土는 地支에서 水를 취하므로 첩을 두고 살며 집안에 병자가 있어 재산이 나간다.

◎ 亥子丑月生

亥子丑 冬節에는 땅이 얼고 날씨가 추워 만물이 쉬거나 겨울잠을 자며 다음에 올 봄을 기다리는 계절이니 己土로서는 할 일이 없다. 그러나 甲木과 丙火는 생기를 되찾게 하고 地支에 寅卯辰 木根이 상해됨이 없이 나온다면 어릴 때 고생하다가 중년부터 발복해 大貴할 命이다. 地支에 午戌未 중 1자가 있으면 온실 속에 있으니 부유한 가정에서 태어났다. 중년 이후에도 안락한 생활을 한다.

冬節의 己土는 甲丙을 가지고 돌아오는 봄을 기다리는 待春之像이니 대기만성이다. 寅卯辰의 木根이 申金에 상하면 일이 중간에서 틀어지므로 午戌未로 구해야 한다. 甲만 있으면 그 처가 지혜로우나 냉정하고 丙만 쓰는 자는 자식이 무능하다. 己土 日主에 甲木은 떨어져 있어서 合을 피해야 하는데 合이 되어도 없는 것보다는 좋다. 甲이 年干에 있으면 가장 좋고 月干에 있으면 원망을 많이 듣는다.

亥月 己土는 얼어붙은 땅이 아니므로 싹을 지니고 있다. 女命은 지아비를 바꾸고 男命은 두 집 살림을 한다. 亥日生은 직업을 잘 바꾸고 배다른 자식을 둘 命이다.

子月에는 地支에 午戌未 중 1자가 있어야 하고 寅卯辰이 있으면 金神이 없어야 한다. 壬癸水가 天干에 오면 흉악한 병이 있다. 丑月에 甲木이 있고 地支에 未土가 있어 冲이 되면 부지런하고 재치가 있으며 大富大貴한다.

제7절 경금(庚金)

庚은 陽이며 金이다. 하늘에 있어서는 풍로(風露)를 상징하고 땅에서는 금철(金鐵)이니 즉 금강동철(金鋼銅鐵)과 같은 것이다.

庚金은 그 본질이 가경하고 성질은 급하고 예리하다.

庚金은 水를 보면 그 기류(氣流)가 맑아지고 火를 보면 단련되어 그 성질이 강하며 예리하여 지고 土를 만나면 生을 받아 더욱 旺하여 지는데 土가 건조하면 부스러진다. 다시 말하여 庚金이 壬水를 얻으면 그 성질이 강하여 氣가 맑아지고 火를 보면 단련되어 강해진다.

庚金이 春夏에 生하여 丑辰의 습토를 만나면 生을 받아 旺해지고 戌

未의 조토를 만나면 능히 흙이 부스러진다.

그러므로 甲木이 비록 강하나 벌절(伐折)할 수 있고 乙木이 비록 유하나 合이 되어 서로 가까워진다.

庚金은 거대한 바위이므로 맑고 푸른 물을 만들어 내며 亥子丑月에는 무서운 서리발이 되기도 한다.

庚金은 甲木과 丁火로 연금하여 예리한 칼과 창을 만들고 그릇과 도구를 만든다.

특히 庚金은 四柱 내에서 用神이면 강인한 권위자이며 인정과 의리의 사나이나 凶神이면 흉악한 폭도로 변한다.

❂ 상징

庚金은 가공되지 않은 무쇠라는 것을 이미 설명한 바 있다. 차고 냉정하며 원광석이고 氷雪이다.

❂ 질병

척추, 대장, 피부, 호흡질환, 소아마비, 골절, 폐병 등의 질병이 유발한다. 그러나 질병 발생의 요인을 억제하는 運이 올 때는 그 각종 질병은 소멸되고 만다.

❂ 직업 및 인물

정일권(전 국무총리), 박순천(전 야당대표), 조봉암, 이기봉, 장택상 등이 庚金 日主다. 사회운동가, 군인, 운동선수, 비행기 조종사 등이 많다.

◎ 성격

女子의 경우 이성과의 충돌이 잦다. 대인관계에서도 맺고 끊는 경우가 확실하지 않으나 시작한 일은 신속하게 처리하는 군인정신을 가지고 있다.

◎ 用神

庚金은 불에 녹아서 기물을 만드는 경우와 壬水를 生하여 수원을 이루는 두 가지가 있다. 그러나 대체로 90% 이상의 庚金은 丁火로 인해 녹아서 器物을 만든다.

庚金은 몸이 차기 때문에 열을 흠모하여 열에 의하여 변신한 이후에나 기물로서의 가치가 부여되므로 庚金 그 자체로는 쓸모가 없다. 따라서 甲木과 丁火를 필요로 한다. 金生水하므로 水를 낳지만 水가 많으면 물에 잠기게 되어 역시 쓸모가 없어진다. 그러나 木을 보면 나무를 剋하여 성장의 氣를 꺾어 버리니 난폭하고, 火를 보면 연금되어 기물이 되니 비로소 값진 물건이 된다. 그러므로 丙火는 庚金을 녹이는 틀을 만드는 데 필요하고 丁火는 그것을 마무리하므로 用神이 된다.

丁火는 스스로 쇠를 연금할 수 없으므로 甲木이 제일이나 甲木이 없으면 乙木을 쓰는데 乙木은 젖은 나무이므로 애로가 많다. 또 乙庚合이 되므로 乙木은 年干에만 나올 수 있다. 甲木과 庚金, 丁火는 서로가 반드시 필요로 하므로 분리하면 좋지 못하다. 丙火를 보면 壬水가 있어야 貴하고 癸水를 만나면 해를 입는다.

戊土가 나오면 깊고 높은 산에 있는 쇠이므로 찾기 힘들고 옮기기 힘들어 고독하고 가난하다. 己土가 나오면 野山之石으로 쓸모가 없고 善을 쌓아도 功이 보이지 않는다.

庚金이 또 있으면 호위호식하며 辛金을 보면 재물이 계속 집밖으로 나간다. 壬水는 金으로부터 나온 물이니 맑아서 좋고 庚金도 깨끗이 닦을 수 있으니 吉하다. 癸水를 보면 庚金이 녹슬어 버린다. 대운에서도 癸水를 만나면 불길하니 庚金은 癸水를 제일 꺼린다. 庚金 女命은 작고 귀여운 미남형의 男子를 좋아한다. 庚金이 丙丁火가 없거나 凶神일 때는 틀림없이 大腸에 병이 있다. 또 庚金이 둘이면 폐와 피부가 나쁘다.

◎ 寅卯辰月生

寅卯辰月의 庚金은 아직 유약하고 어린 金이라고는 하나 만물이 생장을 시작하는 때이므로 木의 성장을 막아 버리기 때문에 환대 받지 못하는 존재며 따라서 그 부모가 무력하고 가정이 불우할 때 태어났다. 어린 나무를 극하므로 庚金 日主인 자는 인정이 없고 성질이 흉포하며 주위의 욕을 먹고 멸시와 냉대를 받는다.

春節의 庚金은 丙火로 단단하게 하고 또 丙火로 甲乙木을 기르며 戊土로 몸을 보호하면 大吉이라 할 수 있다. 게다가 地支에 辰土가 있으면 더욱 좋다. 丙火없이 戊己土만 있으면 게으르고, 甲乙木만 있으면 흉포하며, 壬癸水가 있으면 유랑하는 命이며, 庚辛金이 또 나오면 폭도의 무리에 가담한다. 또한 丙火없이 甲木과 丁火가 있으면 일찍 成器하니 무력하고, 조실부모하여 어린 家長이 되거나 일찍 登科한다. 그러나 유약하고 힘이 없어 작은 난관에도 막혀 좌절하기 쉽다. 丙丁火가 있고 戊土와 甲木이 있으면 어려서 호강한다.

壬水를 만나면 되는 일이 없는데 이를 戊土로 막으면 그 처가 가난을 이기고 남편을 일으켜 줄 賢妻이며 女命인 경우 남편이 성실하고 부지런해 중년 이후에 富를 이룬다. 丙火를 用神으로 하는 자는 그 처가 예쁘나 낭비가 심하다. 地支에 金神이 있으면 根을 상해하므로 어려서 父를 잃고 어미 속을 썩이며 불구가 되거나 평생을 한탄하며 산다.

寅月 庚金은 地支에 申金이 있으면 寅申冲으로 가산을 탕진하고 세상을 뒤엎는 폭도가 된다. 또 寅午戌 火局이 오면 말만 앞세우고 행동이 없는 자이다. 卯月 庚金은 辰土와 丙火가 있으면 富命이고 天干에 戊土없이 丙火만 있으면 외형은 그럴듯해도 속빈 강정이므로 생활이 안정되지 못한 집 없는 선비다. 辰月에 甲木이 없으면 무력하고 둔하며 丙火가 없으면 재해를 만난다. 地支에서 戌은 冲이 되므로 꺼리며 女命은 남자에게 잘 해준다. 壬水와 甲木이 있으면 富命이나, 癸水가 오면 녹이 슨 격이므로 죽음과 관련된 일을 하며 천한 命이고, 女命은 몸을 판다.

❂ 巳午未月生

巳午未月은 木火가 旺하여 庚金을 녹이므로 연약한 金이 된다. 따라서 庚金이 제 기능을 하기 위해서는 壬水로 담금질을 해야만 된다. 庚金이 壬水를 만나면 지혜와 용맹으로 곤경을 헤쳐나가 부귀하며 세상을 다스리는 德을 갖출 수 있다.

壬水가 있고 地支에 申이 있으면 숨은 능력이 있어 난세에 그 빛을 발할 것이니 부귀공명이 일생을 따른다. 그러나 丁火가 와서 丁壬合을 이루면 아무것도 이루어지지 않으므로 壬水가 없는 것이 좋고 己土를 만나도 壬水가 흐려져 진다.

癸水를 쓰면 일생동안 하는 일 없이 생을 보낸다. 그러나 壬癸水가 전혀 없고 寅午戌 火局에다 丙丁 등 火가 많으면 金이 본성을 잃어버리므로 정신병자로 거리를 쏘다니거나 폐병에 걸려 피를 토한다. 土가 旺하면 우선 甲木을 쓰고, 壬水나 丁火가 있으면 貴하다.

巳月에는 庚金의 生意가 없으나 天干에 壬水가 있으면 貴命이며 甲木이 또 있으면 부귀를 다 누린다. 또 巳酉丑 金局에 甲丁이나 壬甲을 써도 부귀가 있다.

午月 庚金은 약하므로 地支에 申長이 있고, 天干에 壬水가 있으면 富命이다. 壬水가 無根하면 어렵고 가난하게 살며 壬水가 없으면 癸水라도 써야 한다.

未月에는 火가 약해지고 土가 강하므로 庚金이 견고해진다. 甲木과 丁火가 있으면 부귀와 함께 최고 권력자가 되며 壬水와 乙木이 있으면 예술계에서 최고가 된다. 그러나 甲丁이 있어도 癸水가 있으면 좋은 가정에서 태어났다.

✪ 申酉戌月生

申酉戌月 庚金은 차고 단단하며 강한 金이므로 甲木과 丁火로 불을 지펴 熔金하면 大富大貴한다. 甲木에 丙火가 오면 火氣가 부족하여 형태만 갖추는 격이니 미완성이며 해외에 나가거나 적성에 맞지 않는 직업을 갖게 된다.

甲木과 丙丁火가 없으면 壬水를 만나 金生水하여 富를 갖춘다.

壬水 대신 癸水를 써도 金生水하나 천한 命이며, 木火도 없고 壬癸水도 없으면 우둔하다. 甲木도 있고 壬癸水도 있으면 쓸모없는 방랑객이 되고 丁이 있고 甲이 없으면 가난한 선비며 甲이 있고 丁이 없으면 안 되며, 地支가 金局을 이루면 男命은 한때 貴하나 길지 못하다.

申月에 申子辰 水局이 되고 剋과 合이 없으면 富하나 天干에 壬水가 있고 丁壬合이 없어야 한다. 戊己土가 나오면 富를 일시에 잃어버리는 비극이 있고 망신당할 일이 많다. 또 地支에 寅申冲이면 가정이 시끄럽다. 酉月 庚金은 旺하므로 丁火를 먼저 쓰며 甲木이 있으면 大吉하다. 地支에 卯酉冲이 있으면 金과 木이 서로 싸워 나쁘고 巳酉丑 金局에 壬水가 있으면 富命이다. 戌月에는 土旺하므로 甲을 먼저 쓰고

丁火를 쓰면 大貴한다. 日支가 寅이고 寅午戌 火局이 되면 부귀영화를 일세에 떨치나 처가 不美하다. 甲과 丁이 있으나 壬水가 用神이면 앞길이 험난하다.

◎ 亥子丑月生

亥子丑月 庚金은 때를 잘못 만났으니 丙丁火를 받으려 해도 날이 추워 火氣가 몸에 닿지 못하고 불을 지피려 해도 甲乙木이 없다. 水를 生하려 해도 추운 겨울이라 찬물이 필요 없으니 안타깝다. 그러나 亥子丑月 庚金은 우선 戊土로 추위를 막고 甲과 丁을 쓰면 초년에는 고생을 해도 중년 이후에는 발복한다. 게다가 地支에 寅午戌 등의 火氣가 있으면 더욱 좋고, 天干에 丙火가 있고 地支에 寅木이나 戌未가 와도 좋다. 地支에 午戌未 중 1자라도 있으면 옥동자로 태어났으나 子午沖이면 貴를 다 잃어버린다. 이러한 女命은 男子와 성교하기를 좋아한다. 여기서 金水를 또 만나면 과부, 홀아비, 방랑자가 된다.

壬癸水가 오면 戊土로 막아야 한다. 亥月에 亥卯未 木局이고 甲乙木이 天干에 있는데 丙丁火나 土가 없으면 일이 안 풀리고 성격도 난폭하며 남까지 망하게 한다. 壬癸水가 투간 하면 썩어서 망하기 때문에 절대 꺼린다. 이때는 戊土로 막아야 한다. 子月 庚金이 申子辰 水局에 壬癸水가 오면 턱에 얼음이 얼 정도의 거지이다. 이때 戊土가 있으면 活人之命으로 복지사업을 해 가난을 구제한다. 丑月에는 찬 기운이 없어지므로 戊己土는 필요없고 甲丁이 필요하다. 庚金이 丑을 만나면 가정이 불길하다.

제8절 신금(辛金)

辛은 陰金이다. 庚金과 같이 강진하지 않고 온유청윤(溫柔淸潤)하므로 주옥(珠玉)에 비유된다.

辛金은 土가 많음을 두려워하는데 戊土가 태다(太多)하면 학수매금(涸水埋金)되어 불길하다.

壬水가 유여(有餘)하면 일방으로 土를 적시하고 金의 기운을 설(泄)한다.

辛金은 甲의 임금이요, 丙火는 辛金의 임금인데 丙火가 능히 甲木을 태우므로 丙辛이 合하여 水로 火하면 兙함이 전하여 生이 되니 생령(生靈)을 구함이다.

辛金은 十干 중 자신이 가장 잘났다고 자처하며 값지고 소중한 것으로 대접받고 싶어하며 그 성격은 세밀하고 까다롭다. 辛金은 따라서 깨끗이 닦고 녹슬지 않게 하여야 하며 이를 위한 陰陽五行의 작용을 필요로 한다.

◎ 상징

辛金은 庚金과는 달리 지혜로운 면이 있으며 정이 많아 퍼주기를 좋아한다. 辛金은 가공된 보석으로 볼 수 있어 녹슬지 않기 위하여는 壬水가 필요하다. 辛金은 계절은 가을(秋)이고 방향은 西쪽이다. 맵고 짠 것을 좋아하며 성품은 냉정한 편이다.

◎ 질병

소장, 기관지, 폐, 후두염, 근육통이 심하다.

◎ 인물 및 직업

이완용, 송시열 등이 있으며, 직업으로는 역술인도 많다.

◎ 성격

지혜롭고 현명하며 외모가 준수하다. 결혼전·후 여자 문제로 평생 편할 날이 없다.

◎ 用神

辛金은 깨끗이 닦고 갈아줘야 하므로 壬水가 필수적이다. 대체적으로 辛金은 꺼리는 것이 많고 用神을 찾기도 까다롭다. 甲乙木을 剋하므로 인의를 저버리며 美的 감각도 없다. 특히 乙木은 아름다움을 가지고 있으나 이를 베어버려 불량배로 지탄받지 않을 수 없다. 辛金이 乙木을 만나면 집을 돌보지 않고 甲木을 보면 자신뿐 아니라 남까지 망친다. 庚金은 丙丁火를 필요로 하지만 辛金은 丙丁火를 절대 꺼린다. 丙火를 보면 丙辛合이 되어 보석이 빛을 받아 자신의 광채를 잃어버리기 때문에 자존심 강한 辛金은 이를 절대 꺼린다. 또 辛金이 丁火를 보면 불속에 보석을 던진 격과 같아 보석이 녹아 버리니 절대 꺼린다. 丁火를 맞으면 평생 병치레를 해야 한다.

戊土가 있으면 보석이 戊土에 묻히는 격이므로 아무짝에도 쓸모 없는 인물이 된다. 己土를 보면 땅에 떨어진 보석이니 때와 먼지가 묻어 경 小富를 이루게 된다. 또 壬水가 와도 물이 흐려지니 똥물에 빠진 보석을 치욕스럽다. 따라서 戊己土를 싫어하니 인정이 없고 덕이 없으며 부모 명을 거역한다. 壬水를 쓰면 두뇌가 명석하고 깔끔하며 낭만적이어서 이성에게 인기가 좋으나 배우자가 불미하다. 癸水를 보면 길에 버려진 자갈돌이며 비를 맞아 녹이 슬어 쓸모가 없다.

甲木을 用神으로 하면 저절로 돈이 굴러 들어온다. 甲木은 戊土가 辛金을 묻어버릴 때 이를 制하기 위해 쓰고 壬水가 己土를 만나 흙탕물이 되지 않도록 하기 위해서만 쓴다. 辛金은 오행 중 가장 값비싼 것이고 酉金도 地支의 어디에 있든지 辛金과 같은 성질을 갖고 있다.

◎ 寅卯辰月生

寅卯辰月은 만물이 소생하는 시기이므로 辛金도 역시 성장하는 시기로 보고 여린 金으로 인식해야 한다. 寅卯辰月은 木이 旺하여 그 환경을 剋하고 태어났으므로 부모 속을 썩이거나 병들게 하고 주위의 반대를 무릅쓰고 살아간다. 春節의 辛金은 보살핌을 더 받아야하므로 時支에 辰土가 있거나 戊土가 天干에 있어야 하는데 甲木이 반드시 필요하다.

戊土가 없으면 己土라도 있어야 하는데 이때는 壬水가 있으면 안된다. 또 丙火로 키워야 하므로 年干이나 地支에 있어야 한다. 壬水도 필요하지만 이때는 己土가 있으면 안된다. 地支에 金神이 있으면 午戌未로 制해야 한다.

壬水가 없고 癸水가 있으면 천한 命으로 창녀나 작부 등 더러운 사람 취급을 받는다. 이때 戊己土가 나와 癸水를 制하면 좋으나 貴命은 못된다.

庚金을 만나면 상처를 입을 수 있으나 乙木으로 막으면 된다. 丁火를 보면 흉포한 성격으로 자신은 물론 남까지 망친다. 질병에 걸리면 壬癸水를 보거나 金水를 보아 丁火를 制하면 凶을 면하여 衣食은 걱정하지 않는다. 年干에 丙火가 있고 地支에 辰土가 있으면 부잣집 출신이며 장차 富해지고 年干에 己土가 있고 時柱가 壬辰이면 부귀를 함께 누린다.

寅月 時柱가 壬辰이면 貴하나 地支에 寅午戌 火局이면 天干의 壬水도 다 필요없다. 生意가 없기 때문이다. 土를 用神으로 하면 富命이고 壬水를 用神으로 하면 貴하다. 土를 用神으로 하는 女命이 寅申沖이 되면 난폭해진다.

卯月 辛金은 生意가 없어 年干에 丙火가 있고 地支에 戊土를 보아야 한다. 亥卯未 木局이고 地支에 辰土, 天干에 戊土나 己土가 있으면 富할 命이다. 또 甲乙木과 庚金이 무관이 될 수 있다.

辰月에는 火土가 안정되어 壬水와 甲木을 함께 보면 부귀를 일세에 떨쳐 욕됨이 없고 地支에 申子辰 水局이 들면 戊甲이 있어야 富와 德을 갖춘다. 辰戌沖이면 壬水가 있어도 성품이 난폭하고 불손하여 富해도 편치 않다. 壬水와 乙木이 있으면 예술가.

◎ 巳午未月生

巳午未月은 木火의 성장이 강하고 旺하므로 辛金은 역시 환경을 거역하고 나왔다. 따라서 辛金은 유약하고 의지할 곳이 없다. 地支에 申子辰 중 1자가 있고 壬水가 나와 火氣를 억제하면 大富大貴之命이며 세상을 다스릴 만한 능력이 있다. 이때 己土가 나오면 富는 해도 천하여 부끄럽고 체면 없는 짓을 하며 女命은 천한 직업에 종사한다.

壬午月 출생이거나 丙丁火가 水氣 한점 없이 天干에 있으면 요절할 수도 있다.

壬水가 있어도 丁火가 나와 合을 이루면 男命은 처를 도둑에게 빼앗기고 통곡하는 몸이 되고 女命은 사랑하는 사람을 두고 다른 데로 출가하거나 남편을 잃게 된다. 戊土가 있으면 중이 될 命이다. 地支에 未土가 있고 壬水와 乙木이 있으면 美人이다.

巳月에는 甲木으로 巳 중의 戊土를 制하고 壬水로 씻으면 부귀를 함께 누린다. 이때 己土가 있으면 무능하다. 地支에 子, 辰 등의 水氣가 있고 甲木이 있으면 재물을 모은다.

午月에는 地支에 火가 旺하니 壬水가 있어도 영광을 일시에 놓치고 세상을 등진 채 사는 자가 된다. 寅午戌 火局이면 戊己土를 써서라도 불을 꺼야 하나 이때는 壬癸水가 없어야 한다.

未月에는 火氣가 끝나고 약하므로 壬水와 甲木이 있으면 부귀를 누리나 亥卯未 木局일 때는 부귀가 감소한다. 이때 地支에 申辰이 있으면 좋다. 甲木 대신 乙木을 쓰면 예술인이다. 또 丑土가 나와 未와 沖되면 가정이 평안치 못하고 丙丁火가 天干에 있을 때 壬癸水로 끄지 못하면 성질이 난폭하다.

◎ 申酉戌月生

申酉戌月은 金氣가 旺하여 두려움이 없으므로 제때에 났다고 할 수 있다. 역시 壬水로 닦아야 제 빛을 발하므로 富貴功名한다. 戊土가 있어 壬水를 剋하려 하면 甲木으로 制해야 하므로 甲木과 함께 있으면 대길하다. 壬水와 丙火를 함께 用神으로 하면 男命은 처가 난잡하고 女命은 夫子의 변동이 있을 것을 암시한다. 癸水 用神은 천한 명이며 직업이 무엇이든 맞지 않는다. 戊己土가 있으면 甲乙木으로 制하는데 甲乙用神은 깨끗한 命이 못된다.

冬의 계절인데 丙火를 쓰면 丙辛合이 되어 壬水가 있어도 辛金을 씻지 못하고, 癸水와 木을 보면 오염된 물로 나무를 기르는 格이 된다. 丁火를 보면 辛金이 녹을 우려가 있으므로 난폭하고 열등의식이 있어 처에게 매질을 한다. 이때는 壬癸水로 꺼야 한다. 壬水가 없고 戊土가 있어 辛金이 묻혀 버린다.

申月에는 地支 丙火, 天干 壬水면 좋고 申子辰 水局에 壬水를 用神으

로 쓰고 戊와 甲이 있으면 부귀를 함께 누린다.

酉月에는 壬水를 취해도 부끄러움이 많으므로 庚壬이 있든지 地支에 申金이 있으면 女命은 개가하여 더욱 貴命이 되고 男命은 직업을 바꾸면 더욱 貴하다.

戌月 辛金은 甲木을 보아야 하는데 없으면 乙木도 가능하다. 地支가 火局이면 가정이 불안하고 배우자가 不美하다. 辰戌冲되면 부귀가 오래가지 못하고 庚辛金이 또 나와 甲乙木을 剋하면 욕심 때문에 망한다.

◎ 亥子丑月生

亥子丑月에는 五行의 활기가 모두 약해지고 만물이 쉬며 동면에 들어가는 계절이므로 辛金도 역시 죽음과 어둠의 상태이다. 여기서 벗어나기 위해 辛金은 우선 戊土로 추위를 막고 丙火로 따뜻함을 지키는 것이 필요하다.

壬水는 丙戊없이는 辛金을 얼게 하므로 홀로 써서는 안된다. 戊土를 쓸 때는 甲木이 있어야 하고, 丙火는 合을 피해 年干에 있는 것이 좋다. 丁火가 있는데 壬水가 따라나오면 성격이 포악한 자가 된다. 癸水가 天干에 있으면 길바닥에 얼어붙은 보석과 같아 아주 천한 명으로 男命은 실업자로 체면 없는 짓을 한다.

亥月 辛金은 己土가 있되 壬水와 떨어져 흐린 물이 되지 않아야 하고 壬辰時에 地支에 寅木이 있으면 부귀영달할 命이다. 己土 대신 丙火가 와도 좋다.

子月에는 地支에 午戌未 중 1자가 있으면 어릴 때 유복한 가정에서 태어났고 평생 부유하고 평안하다. 午戌未가 있을 때의 丑土 酉金은 日主에 병(病)이다.

丑月 地支에 丑未冲이면 壬甲이 있어도 재산은 이루나 일이 많고 분

주하여 정착하지 못하고 부부간에 송사가 있을 수 있어 배려할 줄 알고 베풀면서 공유하고 다스리며 살아야 한다.

제9절 임수(壬水)

壬은 陽水이다. 물이나 癸水와 달리 人間이 먹을 수 있는 깨끗한 물이다. 壬水는 또 그 스스로가 영양분이 되어 생명을 유지하고 성장시켜 나가는 일을 큰 임무로 생각한다. 辛金 란에서 밝혔듯이 辛金같은 보석을 더욱 빛나게 하며 甲木을 심고 丙火로서 기르는 것이 본분이다.

壬水는 申官이 長生인데 壬이 申에서 장생되면 西方의 숙살지기를 누출시킴으로 주류불체하게 되는 것이다. 申子辰이 水局을 이룬 가운데 天干에 癸水가 투출하면 그 형체가 범람하여 비록 戊土가 있어도 水旺함을 막을 수 없다.

壬水가 丁을 만나면 丁壬化木하여 火를 생함으로 유정하고 巳午未月에 生하여 四柱 가운데 火土가 旺하며 水가 태약(太弱)하면 반드시 金水의 生조를 받음이 마땅하다. 만일 이런 경우 생조함이 없고 火가 天干에 투출되면 火를 從하고 土가 天干에 투출되면 土를 從해야 한다.

◎ 상징

壬水 자체가 차갑기 때문에 더운 것을 좋아하며 유동적이다. 生物을 상징하며 추운 겨울(冬)로 북쪽 방향이며 성격은 지혜롭고 총명하다.

◎ 질병

특히 여자들에게 질병이 많다. 월경불순, 자궁암, 방광염, 신장질환,

생식기 등의 질병을 壬水가 내포하고 있다.

◎ 인물

조병옥, 윤보선, 장덕수 등이 壬水 日主다.

◎ 성격

성격은 차고 냉정하며 자신이 정한 목표가 있으면 무작정 돌격하는 스타일이다. 壬水의 성격 사교적인 면에서는 훌륭하다. 그러나 마음에서 벗어나면 다시 돌이키기 힘들다.

◎ 用神

壬水의 쓰임은 사람이나 동·식물이 먹고 생명을 유지하며 성장하는 데 가장 많이 쓰이고 다음으로 불을 끄고 금은 보석을 씻는 데 쓰인다. 따라서 壬水는 甲乙木을 기르는 일을 본분으로 하며 壬水 자체가 차기 때문에 따뜻하고자 하여 丙火를 要한다. 그러므로 壬水는 甲木과 丙火를 제일로 쓰는 것이다. 또한 壬水는 유동적이기 때문에 戊土와 辰土를 써서 안정된 물이 되도록 해야 한다. 즉 壬水는 끝없이 어디로든 가려고 하므로 戊土로 제방을 쌓아야 壬水가 조용히 제 할 일을 할 뿐만 아니라 甲乙木이 서 있을 기반이 되는 것이다.

甲丙만 있고 戊土가 없어 제방을 쌓지 못하면 甲木이 뿌리를 내릴 지반이 없고 계속 물 따라 흘러다니기 때문에 평생을 유랑으로 보낼 수밖에 없다. 戊土만 있고 丙火가 없으면 안정되고 배양할 수 있으나 결실을 맺지 못하니 거둘 것이 없다.

甲木을 심으면 성실하고 음양오행의 이치를 따른 것이므로 하늘에서 내린 부자가 된다. 그러나 乙木을 보면 빗나가게 되어 사치하고 화려해서 예술에는 능하지만 富命은 되지 못하고 생각하는 바가 건전치 못하니 노후에 처량하다. 다만 乙木은 壬水가 己土를 만나 쓸모없는 흙탕물이 되었을 때 甲木을 合하여 무력하게 된 것을 구제할 수 있다.

丙火는 甲木을 배양하는 데 반드시 필요한 것이므로 丙火를 가리는 癸水나 辛金을 꺼린다. 癸水는 戊土로 가려야 하고 辛金은 丙火와 合을 만들기 때문에 꺼린다. 丁火를 보면 壬水가 끓어 넘치고 본분을 망각하여 甲木을 기르지 않는다. 뿐만 아니라 丁壬合이 되어 음란하기 이를 데 없고 극단적으로 身弱하면 情死하거나 腹上死한다. 이는 火가 많을 때도 마찬가지다.

戊土는 甲丙 없이 홀로 나와도 衣食은 걱정하지 않을 정도가 되니 이는 제 멋대로 흐르는 물을 바로잡아 주기 때문이다. 만약 戊土가 없으면 壬水는 법과 도덕도 모르는 철부지며 무법자다. 水多해도 戊土가 필요하니 물을 다스리는 것이 戊土이기 때문이다. 또 己土는 절대 꺼리는데 壬水가 己土를 만나면 물이 흐려져 흙탕물이 되고 甲己合이 되어 甲木이 크지 않는다. 흙탕물이 되니 추하고 재산을 불리지 못하여 男命은 불량배요, 女命은 창녀다.

庚辛金이 있으면 金生水하므로 吉한 듯하나 壬水가 흘러넘치고 用神인 甲木을 剋하며, 辛金은 또 丙火와 合이 되어 甲木을 기르지 못하게 한다. 게다가 戊土의 힘을 빼앗으려 하니 매우 不吉하다. 가난한 학자는 되겠으나 성공하지 못한다.

壬水를 거듭 보면 물이 넘치고 유동성이 많아져 제멋대로 하려고 하므로 영광을 위해서 물불을 안 가리는 격이다. 癸水를 보면 壬水가 혼탁해 격이 떨어지는데 이는 癸水가 오염된 물이기 때문이다. 壬水는 투쟁, 무법자, 방랑 등의 싸움신이니 庚金, 戊土, 壬水가 凶神이면 惡취미를 가졌다고 보아야 하며, 壬水는 방종하므로 女命 壬日主는 본남편과 해로하기 힘들다. 女命이 陽命이면 역류하니 풍파가 많다. 남자는 陽, 여자는 陰命이면 좋다.

◎ 寅卯辰月生

寅卯辰月 壬水는 陽氣가 있고 木旺하여 여러 곳에 쓸모가 많으므로 가장 좋은 때에 출생했다고 본다.

壬水는 몸이 차기 때문에 나무를 타고 올라가 햇빛을 보아야 하므로 甲木과 丙火가 필요하며, 地支에는 辰土가 있고 水가 많을 때는 戊土가 있어야 부귀공명할 命이다. 또 戊丙甲 중 1자라도 있으면 小富에 이른다.

甲丙이 있어도 水旺한데 戊土가 없으면 안정을 찾지 못하고 오만하여 중도에 좌절한다. 地支에 寅午戌 火局이 오면 물이 증발하기 때문에 재산을 탕진하고 질병에 시달리거나 요절할 命이다. 이때 地支에 申辰이 오면 구제되나 가정이 어지러운 것은 면하지 못한다. 丁火를 만나면 合이 되어 도처에 원수를 살 것이고 일을 하지 않으니 원망을 듣는다. 陰陽之合으로 빼어난 미모를 갖게 되니 색을 탐하여 자신도 망하고 남도 망친다. 이는 남녀 모두 같다. 그러나 地支에서의 合은 심성이 착하게 된다.

庚金을 만나면 성정이 사나와 소외되고 나쁜 짓으로 인하여 몸을 망친다. 辛金을 만나면 하는 일마다 중도에서 망하고 거짓말이 심하여 부끄러운 命이다.

寅月 壬水는 때를 만났으니 좋고, 甲丙에 辰土까지 있으면 부귀영화를 누릴 수 있다. 그러나 寅午戌 火局이 들면 중도에 망하고 地支에 巳酉丑申 중 1자라도 있으면 뿌리가 상한다.

卯月에는 木이 旺한 듯 해도 辰土가 있고 丙火가 있으면 富貴之命이며 地支에 水氣가 있으면 더욱 좋다. 地支에 金神을 꺼리고 亥卯未 木局이고 天干에 丙이나 戊가 있으면 大吉하다.

辰月 壬水는 甲木, 丙火와 地支에 寅木이 있으면 大富大貴한다. 地支에 卯木이 있으면 허세로 몸 망치고 色情에 치중한다. 申子辰 水局이면 戊土로 막는다.

◎ 巳午未月生

巳午未月에는 성장의 속도가 빠르고 날씨가 덥기 때문에 水의 필요성이 그 어느 때보다 크고 중요하다. 그런 까닭에 壬水는 가는 곳 마다 환대 받고 그 힘이 旺할 필요가 있다. 地支에 申子辰으로 든든한 뿌리를 두고 天干에 庚金이 있어 壬水를 도우면 기력이 좋아 위세를 사방에 떨친다. 金水만으로도 貴命이나 甲丙이 있으면 더욱 吉하다. 甲丙이 없으면 명성만 높다.

戊己土와 丁火는 절대 꺼리니 丁火가 天干에 있어 合이 되면 원망이 끊이지 않는다. 그러나 丁壬合은 申酉戌亥子丑月에는 大凶을 면할 수 있다. 壬水가 약하면 비록 甲丙이 있어도 그를 양육할 수 있는 힘이 없으니 庚辛金으로 도와 줘야 하나 이때에도 자신은 편안하나 남에게 원망을 듣는다.

地支에 寅午戌 火局이면 비록 天干에 甲丙이 있어도 재산을 탕진하고 요절하며 辰戌冲이면 직업을 자주 바꾸다가 패가망신한다. 壬癸水가 또 있으면 물이 혼탁하고 넘쳐흐르니 비록 인기는 있으나 천한 몸이다.

巳月 壬水는 巳酉丑 金局에 水가 旺하면 天干에 甲丙이 있어도 戊土를 써서 제방을 쌓아야 한다. 己土가 나와 甲을 合하고 丙火를 약하게 해서 혼탁해지면 부끄러운 命이 되므로 乙木으로 制한다.

午月 壬水는 일이 많고 막중하나 地支에 寅午戌 火局이 오면 부지런히 일해도 거둘 것이 없다. 또 天干에 丙丁이 오면 조실부모한다.

未月부터는 木火의 기가 약해지므로 地支에 子辰이 있으면 富貴之命이다. 亥卯未 木局에 金水를 취하고 甲丙이 있으면 貴命이며 地支에 午戌未가 있으면 가정이 불안하다.

◎ 申酉戌月生

申酉戌月은 木火의 氣가 점차 수그러들기 때문에 壬水의 할 일이 없어졌다. 壬水는 차가운 계절에 태어났으니 소외된 자식으로 주위의 관심을 끌지 못한다.

따라서 戊土로 제방을 쌓고 甲丙이 있으면 좋으나 戊土가 없으면 불안정하여 女命은 창녀가 된다. 그러나 天干에 甲丙戊 중 1자가 있고 地支土가 기름지면 부유한 가정에서 태어나 곱게 자란 命이다.

木火 없이 金水만 있으면 의지할 곳 없는 몸이며 木火 없이 戊土만 있으면 貴하다. 己土가 나오면 질병과 원망이 따르지만 丁火가 오면 본분은 잃었으되 선량한 사람이다. 甲乙木이 있는데 庚金이 있으면 재산을 탕진하고, 地支에 火局이 오고 天干에 金水가 旺하면 답답한 命이다. 木火도 없고 제방도 없으면 난폭하다. 申酉戌月 壬水는 반드시 戊土를 보아야 한다.

申月 壬水는 寅申冲이 되어 寅木이 상하면 돌발적인 일로 가정과 명예를 잃는다. 申子辰 水局에 戊土와 甲木이 있으면 用神의 根支가 없다.

酉月에는 巳酉丑 金局일 때 戊丙甲이 있어도 富는 하지만 貴하지 못한다. 地支에 卯酉冲이면 甲丙이 있어도 필요 없다.

戌月에 辰戌冲이면 병충해에 괴롭고, 地支에 寅午戌이거나 卯戌이면 天干에 甲丙이 있어도 재산이 줄어든다.

◎ 亥子丑月生

亥子丑月은 날씨가 춥고 땅이 얼어붙어 만물이 활동을 안하므로 壬水 역시 할 일이 없어 외롭고 처량하다. 태어날 때부터 소외됐고 반기는 자 없으니 구박덩어리다. 그러므로 戊土로 제방을 쌓고 기댄 채 甲丙을 안고 봄이 오기를 기다린다.

地支에 辰土가 있고 寅卯辰 중 1자가 있어 뿌리가 상하지 않으면 貴命이나 어려서 고생하다가 자수성가하는 命이다. 地支에 金과 木이 싸울 때 午戌未 중 1자가 있어 金神을 制하면 부유한 가정에서 태어나 안락한 생활을 한다. 水가 많으면 土를 쓰나 戊土를 쓰며 甲丙, 甲丁, 乙丙, 乙丁도 쓴다. 丁火를 써서 丁壬合이 되면 木을 배양하지는 못하나 추위를 막으니 活人之命으로 어려서 호강하며 人德이 있다. 甲丙이 없고 戊土만 있으면 어릴 때 부모형제를 잃고 고생하다가 중년 이후에 중대한 일을 하지만 活人之命이나 자기영달은 이루지 못한다. 亥子丑月에는 반드시 木根이 있어 봄을 맞을 수 있어야 하고 甲丙이 있어야 한다.

亥月 天干에 丙戊가 있고 地支에 寅辰이 있으면 壬水 日主는 부귀를 중년 후에 누릴 수 있다. 亥卯未 木局이면 天干에 戊丙이 있어도 일이 풀리지 않으므로 庚金이 나오면 木을 制해 貴할 수 있다.

子月 壬水는 어려움을 겪는다. 戊甲丙이 있으면 중년 이후에 발복한다. 地支에 寅卯辰 중 1자가 있고 午나 戌未가 있으면 부귀하나 子午冲이면 불길하다.

丑月에는 점차 추위가 풀리니 甲丙이 있고 地支에 木根이 있으면 아주 좋은 四柱다. 그러나 寅卯辰 木根이 다치지 않으려면 午나 戌未가 있어 丑 중의 金神을 막아야 한다. 巳酉丑 金局이면 木根이 자라지 못하므로 봄이 와도 할 일이 없다. 이때 午戌未가 있으면 덕망이 있고 丑戌未가 있으면 욕심을 부리면 안된다.

제10절 계수(癸水)

癸는 陰水이다. 癸水는 天干의 마지막 위치인데 쓰임새는 약하다. 또 癸水는 물은 물이되 물이 아닌 물이라 한다.

그 형질이나 내용은 壬水와 같은 물이나 모든 물체를 녹슬게 하고 못쓰게 함 또 壬水는 丙火를 만나 甲木을 기르나 癸水는 丙火를 가려 (태양이 비가 내리면 가린다는 뜻) 木의 성장을 막는다.

癸水는 또 庚辛金을 막론하고 약한 癸水가 능히 庚辛金의 生을 감당하지 못하는데 金이 많으면 오히려 탁해진다.

癸水가 戊를 보면 戊癸合하여 火로 변하므로 戊土가 심히 건조해지니 四柱나 大運에 丙辰이 있으면 화신(化神)을 인출(引出)되어 그 化한 상(象)이 진(眞)이 된다.

◎ 상징

癸水는 슬픔과 외로움 한 마디로 죽음을 의미하는 神이다. 그러므로 좋은 일보다는 나쁜 일에 작용을 한다. 癸水를 用神으로 특수한 四柱 외에 사용하면 안된다.

그러나 가뭄에 긴요하게 쓰일 때도 있다. 참고하기 바란다.

◎ 질병

신장, 방광, 성명, 생리불순 등을 내포하고 있다.

◎ 인물 및 직업

이순자(전 미용사). 직업을 보면 물장사, 여관업, 이발사, 목욕탕, 요식업, 미용사 등이다.

✪ 성격

癸水가 凶神일 때는 사람이 냉혹하고 잔혹하다. 또 남에게 지는 것을 싫어함으로 시시비비가 잦고 타인으로부터 욕을 먹는다.

癸日主는 특히 협상에 능하지도 못하면서 자기주장만 내세우고 자존심도 강하다.

✪ 用神

癸水는 陰 중의 陰이며 자신의 몸이 차고 습하므로 따뜻한 볕을 받을 수 있는 丙化를 좋아한다. 또 甲乙木을 배양하여 결실을 보고자 하니 결국 癸水는 甲木을 심어 丙化로 길러내 결실을 맺는다.

다음으로 癸水는 불을 끄고 더위를 식혀 주는 역할을 한다. 癸水는 雨露라 하였으니 비, 안개, 구름, 수증기와 같이 물이 되지 않은 상태의 수분과 같다. 그러므로 癸水는 사계절별로 또 다른 모양을 갖는다. 春節에는 싹을 틔우는 이슬비며 夏節에는 더위를 식히는 소나기니 男命은 용감하고 활기차며 女命은 부지런하고 적극적이다. 秋節에는 만물을 거두는 작용을 하는 水氣, 冬節에는 눈보라에 휘말린다.

癸水는 地支에 辰土가 있고 甲乙木과 丙化가 있으면 제일 부귀한 命으로 본다. 甲과 丙 중에 1자만 있어도 中格은 된다. 甲木 대신 乙木이 오면 인물이 곱고 덕을 갖추었으며 未의 창조자이거나 예술가, 음악가, 디자이너, 연예인이다.

申酉戌月生이 乙木을 지니면 단풍이 들어 오색찬란하여 세상이 아름답다고 느낀다. 丙火없이 甲乙木만 있으면 결실을 맺어도 알차지 못하니 허망하고 甲乙木이 없고 丙火만 있으면 결실을 위해 사방을 둘러보아도 보이는 것이 없으니 안타깝고 답답하다. 丁火는 나무를 보호하기 위해 庚金을 剋하는 약으로만 쓰며 活人之命이나 命이 짧다.

戊己土를 매우 꺼리니 土는 癸水를 剋하는 까닭이다. 戊土가 서면 癸水가 산에 막혀 움직이지 못하니 앉은뱅이 다리 병신이며 合을 이뤄 두 가지로 나쁘다. 己土를 만나면 甲과 合을 이뤄 甲木이 크지 않고 열매도 맺지 아니하며 또한 癸水를 剋하므로 나쁘다.

庚辛金이 天干에 나오면 甲木이 서리를 맞는 격이니 열매를 맺지 못하여 한탄하는 소리만 높다. 그러나 庚辛金을 만나서도 나라의 급한 불을 끄는 용맹스런 장군이나 세상을 다스리는 덕망을 갖춘 사람이다.

◎ 寅卯辰月生

寅卯辰月 癸水는 세상이 모두 그를 좋아하고 흠모하며 기다리니 가는 곳 마다 환대받고 존경받는다. 또 甲木을 기르고 결실을 맺는 덕을 가지고 있다.

寅卯辰月에는 아직 찬 기운이 남아 있으므로 丙火를 먼저 쓰고 甲乙木이 와야 한다. 그리하면 어릴 때 지혜롭고 총명하며 중년 후에 발복하여 大富大貴한다. 여기에 辰土까지 있으면 더욱 吉하다. 乙木과 丙火가 있으면 중년 후에 富가 부족할 것이다. 甲乙木이 있고 丙火가 없으면 부지런하나 이루는 것이 없고, 甲乙木이 없고 丙火만 있으면 小貴를 이룬다. 丁火가 天干에 있는데 地支에 寅午戌 火局이 들면 불리하다. 土는 地支에 있어야 하며 天干에 있으면 戊土든 己土든 안좋다.

庚辛金이 나와 甲乙木을 다치게 하면 하는 일마다 장애가 생기고 男命은 처를 잃을 것이요, 女命은 자식으로 인해 고통 받는다. 甲丙이 없이 庚辛金이 天干에 많으면 실천이 없으니 소외당하여 외롭고 가난한 命이다. 地支에 金神이 木根을 다치게 하면 午火나 戌未土로 制한다.

寅月에는 天干에 丙火, 地支에 辰土면 大富大貴한다. 만약 辰土가 없으면 寅木이 뿌리내리지 못하므로 생활이 불안정하다. 地支에 寅午戌 火局이 들면 열병으로 요절하니 丑土, 辰土, 申金으로 막아야 한다.

卯月 癸水는 丙火와 辰土가 있으면 지혜롭고 총명하다. 亥卯未 木局에 丙火가 있으면 욕심이 많으나 역부족으로 중도에 좌절을 맛본다.

辰月 癸水는 活力이 넘치고 성실하므로 甲丙이 있으면 부귀가 함께 따른다. 그러나 申子辰 水局에 壬癸水가 같이 오면 丙火가 있어도 천한 命이다.

◎ 巳午未月生

巳午未月은 木火가 성황을 이루는 계절이니 甲木을 배양하는 癸水의 임무가 막중하다.

癸水는 신약하고 火가 旺하니 열렬한 후원자인 金神을 필요로 하는데 이때 地支에 申金이나 巳酉丑 등의 金神이 있고 天干에 庚辛金이 있으면 좋다. 그러나 丁火를 만나면 허무하다.

水己를 保하기 위해 壬水를 쓰면 천한 命이다. 그러나 甲丙이 있어야 부귀하는데 甲丙없이 金만 있으면 活人之命으로 德을 쌓는다.

夏節의 癸水가 가장 꺼리는 것은 丁火와 土이니 만약 丁火와 함께 地支에 午戌未가 있으면 건강이 좋지 못하다. 戊己土 역시 癸水의 힘을 억제하므로 꺼린다.

巳月에 天干에 丙丁火가 있어 癸水가 위협을 받으면 辛金이나 地支의 金神으로 막아야 하는데 天干 壬水로 막으면 女命은 후처나 첩이 되고 男命은 처에 의지하여 일생을 보낸다.

午月 癸水가 日支에서 卯를 만나 癸卯 日柱가 되면 그 배우자가 출중한 미모를 가지고 있다. 午月 癸水는 酉金을 꺼리고 地支가 火局일

때 丙丁火가 있으면 중이 될 수 있다. 地支가 火局이라도 天干에 庚壬이 함께 있으면 난세를 구제하는 훌륭한 정치인이나 국난을 극복하는 명장이 될 수 있다.

未月에 亥卯未 木局을 만났는데 天干에 甲丙이 많으면 癸水가 감당을 못하니 몸이 힘들고 편할 날이 없으니 아까운 인재를 잃는 격이다. 丑未沖이 되면 돈이 있고 몸은 편하지만 형제간에 의리가 없다. 地支가 木局일 때 申金으로 制하고 子辰이 오면 天干 甲丙으로 富貴之命이다.

◎ 申酉戌月生

申酉戌月은 木火의 己가 약해지고 활동을 멈추는 계절이므로 癸水도 임무가 끝났다. 그러므로 癸水가 生意를 갖기 위해서는 丙火를 첫째로 필요로 하고 甲乙木을 만나면 貴하다. 甲丙은 貴요, 乙丙은 화사하나 영화가 짧고 富도 부족하다. 地支에 金神이 있으니 辰土나 午戌未 등 金神을 억제할 수 있는 것이 필요하다.

天干에 庚辛金이 있어 地支가 건냉하면 어려서부터 의지할 곳이 없고 가는 곳마다 소외당한다.

甲木과 丁火가 있어 庚辛金을 制하면 活人之命이다.

甲乙木과 丙火와 庚金이 있으면 일하지 않고 富를 이룬 것이므로 결국은 재앙을 부를 것이다. 丙火없이 甲乙木만 있으면 여물지 않고 낙엽이 진 상태다. 木火가 없이 戊己土만 天干에 있으면 일하지 않고 세월만 보내다 끝난다. 그러기에 반드시 木이 있어야 한다. 戊丙이 있어도 甲乙木이 없으면 가난한 선비요, 무능한 학자이다. 丁火가 있으면 甲乙木이 불타고 癸水가 낙엽과 같다.

申月 癸水는 甲丙을 보면 좋다. 地支에 申子辰 水局이 오면 癸水가 범람하므로 戊土가 멀리 年干에 있고 甲丙이 있으면 부귀한다. 酉月 癸

水는 天干에 甲丙을 두고 地支에 寅辰, 寅未가 있으면 부유한 가정에서 태어났고 유복하게 자랐다. 또 木火運을 만나면 매사에 실력을 발휘한다. 金局에 金水가 난무하면 가난한 집에 태어났다.

戌月 癸水는 가장 까다롭다. 寅午戌 火局에 丁火를 보면 壬癸水로 끄더라도 일만 많고 불안하다. 丙火와 甲乙木이 있어도 地支에 寅卯가 있으면 병으로 고생한다.

◎ 亥子丑月生

亥子丑月 癸水는 눈보라여서 만물을 얼려 죽이므로 性情이 냉혹하고 무서운 존재다. 따라서 아무도 원하지 않는 때에 태어났다. 부모의 사랑도 받지 못했으며 주위의 냉대 속에 자랐다.

地支에 午戌未 중 1자라도 있고 天干에 甲丙을 갖추면 배양의 덕을 갖는 격이므로 좋다. 寅卯辰이 상하지 않고 잘 보존되면 봄을 기다려 다시 살아나는 命이다. 이때에도 역시 天干의 甲木이 얼어 있기 때문에 초년에 고생이 심하다.

天干에 丁火가 있으면 丁癸沖이 되어 놀고먹는 자이지만, 庚辛金이 있으면 丁火가 필요하다. 또 丙火가 없을 때에도 丁火를 쓴다. 丙丁火가 있고 甲木이 없으면 처덕으로 돈을 벌고 놀며 지내는 사람이다. 地支에 寅木이 子水 옆에 있으면 냉해를 입은 것이니 봄이 되면 질병이 생긴다.

壬癸水가 또 오면 집도 없고 처도 없어 의지할 곳 없는 처지로 중이 될 命이다. 또 火己가 전혀 없어도 의지할 곳이 없다.

亥月 癸水는 地支에 辰土를 두고 甲丙은 부귀할 命이다. 甲乙木이 있어도 地支에 寅卯辰이 없으면 봄이 올 때까지 할 일 없이 기다려야 하니 병이 들고 괴롭다. 亥卯未 木局일 때 辰土가 없으면 가정이 불안하

여 싸움이 끊이지 않는다.

子月에도 地支에 寅卯辰이 있고 甲丙이 있어야 하며 午戌未 등이 있으면 어릴 때도 복이 있다. 申子辰 水局이 들면 戊丙과 甲乙이 있어야 한다. 이때 戊가 없으면 재앙이 들고, 丙이 없으면 당장 고생이며, 甲이 없으면 희망이 없다. 또한 丁火가 없어도 고생인데 丁火는 年干에 있어야 한다.

丑月 癸水는 甲乙木을 먼저 쓰는데 地支에 寅卯辰이 있으면 분쟁으로 가정이 불안하다. 戊己土, 壬癸水, 그리고 丙火 日主는 木을 배양해야 하는데 丑이 있으면 기르기가 어렵기 때문에 이때는 丑未沖으로 막을 수 있다.

제 10 장
神煞論

제 10 장
신살론(神煞論)

神煞은 오늘날과 같이 陰陽과 五行의 상호작용에 의해서 運命을 감정하는 구체적이고 체계화된 방법 이전에 쓰여진 것으로 일관성이 없고 체계적이지 못한 점이 많다.

예를 들어 煞은 대체로 흉한 작용을 하여 부정적인 영향을 주며 神은 길한 작용을 하여 좋은 역할을 한다.

그러나 神失이 어떠한 用神을 만나느냐에 따라 四柱 자체가 변형이 오기 마련이며 체계적이지 못하다.

또 命理學에서는 자신인 日干을 위주로 陰陽, 五行, 六親 등을 연결 四柱풀이는 하고 있으나 神煞을 年과 月 등을 대조하여 命을 판단하는 경우가 많기 때문에 지나치게 神煞에 대한 고정관념을 버려야 한다.

그러나 이같은 煞은 무엇인가? 또는 어떠한 결과를 낳는가? 하는 문제들에 대하여 검토해 보지 않을 수 없어 本西에서는 특별한 구분 없이 그 쓰임이 많은 30여 종을 밝힌다.

◎ 원진(怨嗔)

子	丑	寅	卯	辰	巳
未	午	酉	申	亥	戌

年支 또는 日支를 기준으로 해서 보면 위와 같다. 命에 원진이 작용하면 해당된 宮이나 大運에서 만나도 크게 凶하여 불목, 불화, 원망, 반목이 새기고 宮合이나 부부관계에 나쁜 영향을 준다.

日과 時가 원진이면 배우자와 자식의 인연이 없고 日과 月이 원진이면 부모, 형제, 고부간이 불화하며 年과 月이 원진이면 父祖간에 불화가 심하다. 婦人이 이 煞을 만나면 무례하여 일생에 재앙이 많고 자식이 불효한다.

이 원진은 刑, 破, 害와 같이 서로 밀치고 깨트리는 작용을 하나 그들보다는 그 강도가 약하고 일반적인 煞보다는 작용이 강하다.

◎ 공망(空亡)

공망은 天中煞이라고도 하는데 十干과 十二支가 六十甲子를 만들면서 十干이 1회 순환할 때 남는 두 개의 地支를 공망이라 한다. 즉 10개의 天干이 12개의 地支 중에서 하나씩 취하면 地支의 끝부분 2개가 남게 된다. 그러므로 甲子에서 癸酉까지는 戌과 亥가 남게 되는데 이것을 보기 쉽게 표시하면 다음과 같다.

◆ 空亡表 ◆

甲子에서 癸酉까지는 戌亥

甲戌에서 癸未까지는 申酉

甲申에서 癸巳까지는 午未

甲午에서 癸卯까지는 辰巳

甲辰에서 癸丑까지는 寅卯

甲寅에서 癸亥까지는 子丑

공망은 凶煞을 없애주고 吉申을 없애 주는 역할을 하여 吉凶을 완화시켜 주기도 하고 그 자체로서는 害를 끼치는 凶煞이 된다.

공망의 종류에는 六親공망, 方位공망, 吉凶공망, 相互공망, 절로(截路)공망 등이 있다.

◎ 천덕귀인(天德貴人)

月支	寅	卯	辰	巳	午	未	申	酉	戌	亥	子	丑
天德	丁	申	壬	辛	亥	甲	癸	寅	丙	乙	巳	庚

천덕귀인은 災厄을 막아 준다고 하여 吉神이며 月支를 중심으로 본다. 위의 표에서와 같이 寅月生이 丁火를 보면 天德貴人이라고 한다. 천덕귀인은 하늘의 은총을 받는다는 吉星으로 惡煞을 풀어 주고 災厄을 막아 주며 어려움에 처해서는 천우신조의 도움을 받게 된다.

선조의 遺德이 있고 官運이 좋으며 심성이 좋다. 천덕귀인은 택일법에도 많이 이용되는데 寅月에 택일해야 한다면 丁月이나 丙日을 취하여 다른 재앙을 피할 수 있도록 해준다.

◎ 월덕귀인(月德貴人)

月支	寅	卯	辰	巳	午	未	申	酉	戌	亥	子	丑
天德	丙	甲	壬	庚	丙	甲	壬	庚	丙	甲	壬	庚

寅, 午, 戌月生은 丙을 만나 월덕귀인이 되며 亥, 卯, 未月生은 甲을 마나 월덕귀인이 되고, 申, 子, 辰月生은 壬을 만나 월덕귀인이 된다. 또 巳, 酉, 丑月生은 庚을 만나 月德을 갖추게 된다.

❂ 천을귀인(天乙貴人)

日干	甲戊庚	乙己	丙丁	辛	壬癸
天乙	丑 未	子申	亥酉	午寅	巳卯

천을귀인은 옥당귀인(玉堂貴人), 천은귀인(天恩貴人)이라고도 하며 日干과 四柱 중의 地支를 대비하여 본다. 즉 甲, 戊, 庚日生이 丑, 未를 보거나 乙, 己日生이 子, 申을 보거나 丙, 丁日生이 亥, 酉를 보거나, 辛日生이 寅, 午를 보거나 壬, 癸日生이 巳, 卯를 보는 경우 천을귀인이라고 한다. 四柱에 천을귀인이 있으면 사람됨이 공명정대하고 더욱이 喜神에 해당하면 평생토록 재앙이 없다.

천을귀인이 만약 印綬에 해당하면 어머니의 助力이 있어 孟母나 栗谷母와 같은 어머니를 마나면 글씨를 잘 쓰고 문장이 뛰어나 一世의 훌륭한 문장가로 명성을 떨친다. 또 食神이나 傷官에 해당하면 食福이 많고 재주가 출중하여 훌륭한 제자를 많이 두는 師道가 될 것이다.

❂ 문창귀인(文昌貴人)

日干	甲	乙	丙戊	丁己	庚	辛	壬	癸
文昌	巳	午	申	酉	亥	子	寅	卯

日干을 중심으로 보며, 문창귀인이 있으면 총명하여 공부를 잘하고

학문을 통해 직위를 가질 수 있으며 모든 凶煞을 만나도 吉神으로 변하게 한다.

문창귀인 비겁[比肩, 劫財]과 같은 기둥이면 형제가 학문에 뛰어나며 교사가 많고, 식상[食神, 傷官]과 같이 있으면 자식과 조모, 장모가 교사였다. 또 추리력, 발표력, 예지력이 뛰어나고 女命이면 문학을 전공하면 출세한다.

❂ 금여록(金輿祿)

日干	甲	乙	丙戊	丁己	庚	辛	壬	癸
金輿	辰	巳	未	申	戌	亥	丑	寅

金으로 만든 수레라는 뜻이니 고급관리나 귀족, 왕족이 타는 것이므로 부귀공명할 吉神이며 日干을 중심으로 본다. 금여록이 있으면 성정이 온후하고 유순하며 용모가 빼어나고 배우자운이 좋다. 얼굴에 항상 화애한 기운이 있으며 몸가짐에 절도가 있고 적시에 주위 사람의 도움을 받는다. 日柱나 時柱에 있으면 평생을 안락하게 보내고 자손이 번창하는데 대개 황족의 四柱에 금여가 많았다.

❂ 도화(桃花)

日支	寅午戌	巳酉丑	申子辰	亥卯未
桃花	卯	午	酉	子

桃花는 年 또는 日柱로 보는데 五行의 패욕지(敗浴地)라고 한다. 목욕살(沐浴煞), 함지살(咸池煞)로 통용되기도 하며 도화가 年月에 있으면

장내도화(牆內桃花)라고 하여 婦夫相愛하고 日, 時에 있으면 牆外桃花라고 하여 배우자와 인연이 없다. 또 冲이나 破되는 것을 꺼리는데 만일 冲破되면 桃花病으로 몸을 망치거나 姦通하다 刑獄을 당하거나 情死하는 경우도 있다. 또 도화에는 나체도화(裸體桃花)와 편야도화(遍野桃花), 곤랑도화(滾浪桃花) 등이 있다.

① 나체도화(裸體桃花)

甲	庚	辛	癸	丁	乙
子	年	亥	酉	卯	巳

이는 日支에 도화가 있는데 위의 煞을 가지고 있으면 음란할 뿐만 아니라 나체를 좋아하며 이성이면 노소를 가리지 않고 탐음하여 그 난륜(亂倫)함을 말로 다할 수 없을 정도다.

② 편야도화(遍野桃花)

편야도화는 四柱 내에 子, 午, 卯, 酉의 네 자를 모두 갖춘 것을 말한다. 편야도화가 있으면 주색황음(酒色荒淫)하는데 이는 四柱의 格이 좋아도 마찬가지이고 大運 流年에서 만나도 똑같다.

③ 곤랑도화(滾浪桃花)

癸　戊	己　甲	丙　辛
卯　子 日　時	卯　子 日　時	子　卯 日　時

즉 지지에 刑과 도화가 있고 天干이 相合되면 이를 滾浪桃花라 하는

데 위의 例와 같이 丙子日에 辛卯時, 己卯日에 甲子時와 같은 것들이다. 四柱에 이를 가지고 있으면 주색을 밝힌다.

이상에서 도화의 종류에 대하여 대략 설명했는데 이외에도 도사도화라는 것이 있다.

도화가 식상[食神, 傷官], 官, 印綬, 比劫에 있을 경우와 合, 冲, 刑되었을 때의 작용이 모두 다르게 나타난다.

◎ 홍염(紅艶)

日干	癸	甲乙	丙	丁	戊己	庚	辛	壬
紅艶	申	午	寅	未	辰	戌	酉	子

홍염살이 있으면 남녀간에 허영심이 많고 정답게 지내기를 좋아하며 주색을 좋아한다. 男命은 첩을 거느리고 다른 남자와 정을 통하여 사생아를 갖는다.

◎ 건록(建祿)

日干	甲	乙	丙	丁	戊	己	庚	辛	壬	癸
建祿	寅	卯	巳	午	巳	午	申	酉	亥	子

건록은 官이 임한다 하여 臨官이라고도 하는데 벼슬을 얻었다는 뜻이니 부귀가 있으며 건강함을 뜻한다. 이같은 건록은 天干과 음양오행이 같은 것을 말하는데 戊己土의 경우는 火의 地支를 그대로 사용하며 日干을 중심으로 본다. 건록이 四柱에 있으면 福祿이 많고 의식이 넉넉

하며 관운이 좋다. 그러나 空亡이나 刑, 冲, 破, 害가 되면 吉함이 없어진다. 月支에 있을 경우에 건록격이라 하는데 日支에 있으면 日祿格이라 하고 時支에 있으면 歸祿格이라고 한다. 격국(格局)이 좋으면 가정이 안락하다. 그러나 형, 충, 파, 해를 싫어한다.

◎ 양인(羊刃)

日干	甲	丙	戊	庚	壬
羊刃	卯	午	午	酉	子

원칙적으로 日干을 중심으로 보지만 四柱 어디에나 양인이 있으면 煞로 본다. 양인은 災厄과 福患이 많고 凶함을 주는 煞로 年에 있으면 祖業을 계승하지 못하고 선조의 재물을 들어먹고 은혜를 원수로 갚는 일을 한다. 또 月柱에 있는데 財와 官이 약하면 일평생 가난하며 부모 형제가 인덕이 없고 결혼운이 나쁘다.

日柱에 있으면 男女 모두 배우자를 剋하며 연분 때문에 일생을 망친다. 時柱에 있으면 자녀를 剋하고 배우자를 괴롭히며 말년에 서글프고 한스러운 일이 많다. 이같이 양인은 지나치게 나폭함이 있지만 身弱한 四柱에는 오히려 吉한 작용을 한다.

일반적으로는 陰干에서도 양인이 있다고 하나 陽干에서만 양인이 작용함을 명심하여야 한다.

◎ 괴강(魁罡)

괴강은 네 가지 뿐인데 庚辰, 庚戌, 壬辰, 壬戌이 괴강살이다.

辰과 戌은 12地支 중에서 가장 氣가 센 것인데 辰을 천강(天罡)이라

하고 戌을 하괴(河魁)라고 하여 辰이나 戌을 地支로 하는 庚과 壬이 괴강이 된다. 괴강은 강한 四柱는 더욱 강하게 하고 약한 四柱는 더욱 약하게 만든다.

女命은 얼굴이 아름다우나 고집이 세어 남편을 이기려 하고 남편을 무시하며 결국은 이별한다. 男命은 성격이 청렴결백하고 이론을 좋아하며 총명하고 달변이다. 辰은 天羅, 戌은 地網이라고도 한다.

◎ 백호대살(白虎大煞)

甲	乙	丙	丁	戊	壬	癸
辰	未	戌	丑	辰	戌	丑

위의 일곱 개의 일진을 白虎大煞이라 한다. 이는 奇門學의 九星盤에 中宮數이므로 命 중에 이 煞이 있으면 該當六親의 血光之死와 한을 품은 죽음을 겪게 되는 것이니 가장 흉악한 神煞이라 할 수 있다.

日柱에 있으면 괴강과 같이 性情이 강하고 흉포하여도 남들의 부러움을 살 것이니 기이한 발복이 있을 것이다.

◎ 상문(喪門)

年支	子	丑	寅	卯	辰	巳	午	未	申	酉	戌	亥
喪門	寅	卯	辰	巳	午	未	申	酉	戌	亥	子	丑

喪門은 年支를 통해 보는 것인데 세운에 이 煞이 있으면 상복을 입게 되고 친척 간 사별함이 있다고 한다. 이 煞이 있으면 건물을 새로 짓거나 묘를 안장할 때, 이사할 때 사고로 인한 화를 당할 수도 있다.

◎ 조객(弔客)

年支	子	丑	寅	卯	辰	巳	午	未	申	酉	戌	亥
喪門	戌	亥	子	丑	寅	卯	辰	巳	午	未	申	酉

말 그대로 집안과 친인척 중에 상을 당하여 조객을 맞거나 조객이 된다는 살이다. 통곡할 일이 생기고 가정이 불안정하고 질병이 생기기도 한다.

◎ 고진과숙(孤辰寡宿)

대개 年을 위주로 보고 있으나 孤辰寡宿은 日柱를 중심으로 보아야 한다. 寅, 卯, 辰日生이 巳를 보면 孤辰이고, 丑을 보면 寡宿이 되니 모두 같은 방법으로 본다. 古書에 이르기를 고진은 男命에 처를 剋하고 과숙은 女命에 夫를 剋한다고 하였으니 男女를 불문하고 고진과숙을 꺼리게 된다.

日支	寅卯辰	巳午未	申酉戌	亥子丑
孤辰	巳	申	亥	寅
寡宿	丑	辰	未	戌

그러나 貴人이나 喜用神에 해당하면 榮貴하여 불교의 大師나 大主敎가 될 것이니 함부로 흉신이라 하여 나쁘다고 볼 것이 아니다.

◎ 삼재팔난(三災八難)

年支	亥卯未	申子辰	巳酉丑	寅午戌
三災年	巳午未	寅卯辰	亥子丑	申酉戌

三災八難은 온갖 재앙과 8가지의 재난을 겪게 되는 살인데 매우 흉하다고 본다. 年支를 위주로 年을 보는데 다음과 같다. 모든 재난이 위의 3년간 든다는 것인데 용신을 잘 살펴야 한다. 즉 亥卯未가 木局인데 巳午未年에 이르면 무력해져서 흉하게 된다. 또 이 木局이 日主에 어떻게 작용하는가를 보아 길흉을 판단한다.

용신삼재법(用神三災法)은 용신을 통하여 삼재를 보는 방법이다. 예를 들어 木을 용신으로 하는 자만 巳午未年에 나쁘다고 보는 것이다.

◎ 고장(庫葬)

日支	寅午戌	巳酉丑	申子辰	亥卯未
庫葬	戌	丑	辰	未

이 煞은 日主를 위주로 하여 보는데 부부궁에 파멸을 주는 것으로 喪夫, 喪妻하거나 이별하는 등 부부간에 풍파를 부른다. 그러나 모두 그렇게 보는 것이 아니라 관살 즉 用神에 고장이 있으면 그렇게 볼 수 있다.

◎ 고난(孤鸞)

孤鸞	甲寅	乙巳	丁巳	戊申	辛亥

고난은 甲寅, 乙巳, 丁巳, 戊申, 辛亥日生 등 다섯 가지가 있는데 이는 남편과 애정생활이 원만하지 못하다. 女命은 자녀를 출산한 후 부군의 기세가 하강하여 남편보다 자녀에 대한 애착심이 강해지므로 부부간의

애정이 멀어진다. 그러나 財官의 조화가 있으면 행복해질 수 있다.

◎ 천라지망(天羅地網)

이 煞이 命에 들면 모든 일이 뜻대로 풀리지 아니하며 惡煞이 같이 있으면 五行이 氣를 잃고 무력하여 더욱 일이 안 풀린다. 유년(流年)이나 大運에 들어도 같은 작용을 하니 심하면 죽음에 이를 수도 있으므로 크게 꺼린다. 그러나 이 煞도 喜神이 되면 변하므로 잘 살펴야 한다.

또 戌亥辰巳는 六陽과 六陰의 終極으로 暗昧하고 不明하며 不美하다고 본다.

◎ 화개(華蓋)

寅午戌	巳酉丑	申子辰	亥卯未
戌	丑	辰	未

이같은 화개(華蓋)가 日에 있으면 처를 剋하며 설혹 淸貴하여도 財物에는 不利하다. 女命에서 특히 화개를 꺼리는 것은 丙丁은 양속(陽屬)이요, 壬癸는 陰屬이므로 壬癸 日主가 그를 꺼리는 것이다. 女命의 경우는 더욱 不吉하다.

時에 이 살이 있으면 자식이 없을 수 있으며 있어도 적다. 오직 홀로 있기를 좋아하며 女命에 寡宿이 있고 日에 화개가 있으면 중이 될 것이다. 특히 日主에 辰戌丑未가 오면 正印이라고도 하는데 喜神으로 작용할 때 배우자 복이 좋아서 자신보다 훌륭한 가문의 배우자를 맞게 된다.

◎ 삼기(三奇)

天上三奇	甲	戊	庚
人中三奇	辛	壬	癸
地下三奇	乙	丙	丁

日主를 위주로 하여 순서대로 나와야지만 三奇로 보는데 四柱 내에 있으면 인품과 精氣가 奇異하여 박학다능(博學多能)하고 모든 분야에 뛰어난 재능을 가지고 있다. 天乙貴人이나 天月德이 들면 국가의 큰 일을 한다.

◎ 현침(懸針)

甲·申·卯·午·辛

이 다섯 자를 현침(懸針)이라 한다. 이 煞이 喜神으로 쓰이는 자는 의약업계, 군인, 양복점 등 의류제조업으로 성공하며 가사, 이·미용에도 솜씨를 발휘한다.

◎ 녹마동향(祿馬同鄕)

壬午·癸巳

이 두 日柱를 녹마동향이라고 하는데 正官과 財星이 같은 地支 중에 암장되어 있는 것을 말한다. 대체로 인명의 지복을 상징한다.

◎ 탕화(湯火)

日支	寅	午	丑
湯火	寅巳申	辰午丑	午戌未

湯火는 위와 같이 寅 日支에 巳나 寅 또는 申이 오거나, 午日支에 辰, 午, 丑, 그리고 丑日支에 午, 戌, 未가 오면 이루어진다. 이 煞은 말 그대로 끓는 물에 데인다는 뜻이므로 총탄, 포탄, 파편, 화재, 기름 등의 사고로 인하여 火傷을 입는다. 화상은 신체에 흉터를 남기기 때문에 六神도 화상을 입는다.

◎ 음착양차(陰錯陽差)

아래의 煞이 日柱에 있으면 배우자와 不和하고 사별하며 상부극처(傷夫剋妻)하게 되는 것이니 채취하여도 해로하기 어렵다. 또 음란하고 색난이 따른다. 喪 중에 娶妾하며 혼인하여도 곧 被折한다.

陰錯	丁 未	丁 丑	辛 卯	辛 酉	癸 巳	癸 亥
陽差	丙 子	丙 午	戊 寅	戊 申	壬 辰	壬 戌

이같이 흉악한 煞이니 年, 月, 日, 時 중 어디에 있어도 같은 작용을 하게 되어 피할 길이 없다. 그 작용력에 있어서 취첩은 피절보다 강한 점이 있다.

◎ 음양(陰陽)

음	丙	戊
양	子	午

男女를 불문하고 日主가 위와 같은 음양살을 가지면 용모가 아름다

위 이성으로부터 유혹을 많이 받는데 본인도 또한 음란하고 色情이 강해 일생을 망칠 경우가 있다. 古書에도 男子가 丙子 日柱면 평생 동안 많은 美女와 상대하고 女子가 丙子를 얻으면 남자를 좋아한다. 男子가 戊午日을 得하면 많은 여자를 거느리고 함께 사랑하며 같은 집에 산다 하였고 女子가 戊午日이면 美男을 남편으로 얻고 뭇남자들과 淫事를 즐긴다고 하였다.

◎ 곡각(曲脚)

乙·己·巳·丑

위의 네 자가 四柱에 있으면 곡각(曲脚)이라 하는데 이는 사고나 병으로 인하여 수족을 못 쓰거나 절단되는 것을 말한다.

◎ 효신(梟神)

日支에 印星, 즉 어머니가 있으면 효신살이라고 하는데 부부관계를 규정해 준다. 집안의 화목함이 없고 근심걱정이 많으며 모두가 외로움을 느낀다.

◎ 평두(平頭)

甲·丙·丁·壬·子·辰

위의 字가 四柱에 4개 이상 나오거나 四柱에 3개 있고 大運에서 하나 더 만나면 작용하는데 중이나 목사가 될 팔자라 하여 혼담이 이뤄지지 않는다.

◎ 역마(驛馬)

年支	申子辰	寅午戌	巳酉丑	亥卯未
驛馬	寅	申	亥	巳

어떤 일이든 적극적이고 활동성이 강하다는 것을 나타내고 있다. 먼 거리를 나설 때 이 煞을 살핀다.

역마가 吉神을 작용하면 활동성이 많고 재물을 일찍부터 모으며 임기응변의 재주가 있고 외교와 운수사업에 적격이다.

女命은 먼 곳에 있는 사람을 남편으로 맞게 되며 인물됨이 實하고 凶神일 경우에는 이곳저곳 떠돌며 많은 남자를 경험한다.

◎ 장성(將星)

年支	寅午戌	申子辰	巳酉丑	亥卯未
將星	午	子	酉	卯

年支가 寅, 午, 戌일 때 地支에 午가 오면 장성이 된다. 특히 日支에 오는 것을 주로 본다. 용맹성이 있고 과감하고 진취적이라서 어떤 고난이 있더라도 그 고난을 뚫고 기어이 일을 성취한다.

女命의 장성은 凶神으로 보는데 남편을 갈아치우며 밖으로 돌아다니기를 좋아한다. 또 女命에 반안(攀鞍)도 있으면 목석과 같아 부부관계가 재미없다. 가난한 집에 장성살이 있는 아들을 두면 가문이 일어난다. 남녀가 모두 장성살이 있으면 잘 살고 주위 사람들을 도와 줄 만큼 넉넉하게 된다.

◎ 십이운성(十二運星)

十二運星은 포태법(胞胎法) 또는 절태법(絶胎法)이라고도 하며 五行이 대자연의 우주법칙에 따라 生하고, 旺하며, 衰하고, 死해 가는 원리를 규정한 것으로 일반적인 煞과는 구별된다.

十二運星 : 생(生), 욕(浴), 대(帶), 관(官), 왕(旺), 쇠(衰), 병(病), 사(死), 장(藏), 포(胞), 태(胎), 양(養)

위의 열두 가지 運星이 십이운성인데 이는 각 五行 十干의 운명을 표시한 것으로 인간의 일생과 비교하여 다음과 같이 설명할 수 있다.

- 생(生) - 모체로부터 胎를 絶하고 출생하는 것.
- 욕(浴) - 인간이 태어나면 누구나 몸을 깨끗이 하고 새출발을 하는 것과 같다.
- 대(帶) - 옷을 입고 띠를 두른 것을 帶라고 하니 成長함을 말한다.
- 관(官) - 학문을 익히고 벼슬길에 나아가 관직을 맡아 보는 것을 말한다.
- 왕(旺) - 관직에서 자신의 능력을 발휘하여 가장 왕성하게 일을 하니 인생의 전성기라 할 수 있다.
- 쇠(衰) - 전성기를 지나면 이내 힘이 쇠해지고 몸이 약하여 전과 같지 않음을 뜻한다.
- 병(病) - 몸이 쇠하니 병이 찾아들고 기력이 완전히 약해진다.
- 사(死) - 병이 깊으면 命을 다하고 죽음에 이른다.
- 장(藏) - 누구나 죽으면 땅에 묻히게 되니 이를 藏이라 한다.
- 포(胞) - 영혼의 氣가 다시 生할 수 있도록 준비하는 것이다.

• 태(胎) - 모체를 통해 이 세상에 태어나기 위해 잉태하게 됨을 이르다.

• 양(養) - 잉태한 후 生할 때까지 胎 속에서 자라는 것을 말한다.

12운성 早見表는 아래와 같다.

◆ 十二運星 早見表 ◆

구분	甲	乙	丙	丁	戊	己	庚	辛	壬	癸
生	亥	午	寅	酉	寅	酉	巳	子	申	卯
浴	子	巳	卯	申	卯	申	午	亥	酉	寅
帶	丑	辰	辰	未	辰	未	未	戌	戌	丑
官	寅	卯	巳	午	巳	午	申	酉	亥	子
旺	卯	寅	午	巳	午	巳	酉	申	子	亥
衰	辰	丑	未	辰	未	辰	戌	未	丑	戌
病	巳	子	申	卯	申	卯	亥	午	寅	酉
死	午	亥	酉	寅	酉	寅	子	巳	卯	申
藏	未	戌	戌	丑	戌	丑	丑	辰	辰	未
胞	申	酉	亥	子	亥	子	寅	卯	巳	午
胎	酉	申	子	亥	子	亥	卯	寅	午	巳
養	戌	未	丑	戌	丑	戌	辰	丑	未	辰

제 11 장
富貴와 吉凶

제 11 장
富貴와 吉凶

人間이 世上에 태어나 富貴를 누리거나 吉凶을 당하는 것은 타고난 命에 따르게 되는 것인데 命理學 敎室 저자의 말을 인용하면 "자신의 命을 알고 命을 거역치 아니하며 살아가는 것이 자연의 이치이다" 그러나 어느 命이든 불행을 극복하고 행운을 놓쳐버릴 수 있는 여지는 얼마든지 있는 것이니 그것을 밝히고 슬기롭게 대처해 나갈 수 있는 지혜를 주는 것이 命理學이라고 하였다.

빈(貧) 부(富)의 四柱의 例를 들어본다.

1. 부(富)할 四柱

제물을 쌓고 富할 四柱는 身旺財旺하며 日主가 財를 用神으로 하고 大運이 具旺으로 行함을 필요로 한다.

또한 財成이 비견이나 겁재에 있지 않고 만약 있다면 식상이 있어 정재와 財庫가 있어야 하니 편재는 곧 탈재되기 쉽고 財庫가 없으면 쌓아둘 곳이 없어 손에 들고 있다가 모두 날려 버리기 쉬운 까닭이다. 古書에 이르기를 "何知其人富 財氣通門戶라" 하였으니 이는 곧 집안에 財氣가 通한 사람은 부자가 된다는 뜻이다.

四柱상의 門戶는 年月에 해당하는 것이니 門은 月干支를 뜻하고 戶는 年干支를 말한다. 또 干보다는 支를 重하게 보며 이 年月에 財氣가 있어 三合, 六合, 同合이 되든지 辰戌丑未 등의 四庫가 冲을 만나면 이는 다 재기통문호(財氣通門戶)하여 크게 富할 四柱로 간주한다. 또 문호에 財氣가 있어도 그것을 가져오고 문을 열 수 있는 수저와 열쇠가 있어야 하는데 日支와 三合, 六合, 同合, 三刑, 冲[辰戌丑未]이 있어 日主를 通해야 한다.

◎ 부(富)한 命

時	日	月	年	
甲	壬	丙	丙(女命)	庚辛壬癸甲乙
辰	午	申	子	寅卯辰巳午未

壬水 日主의 이 命은 甲木을 심어 丙火로 기르는 것이 소임이다. 마침 天干에 甲木과 丙火가 모두 나와 吉한 命임을 한눈에 알 수 있다. 더욱 申月인 까닭에 노력하지 않아도 노적가리를 거저 얻은 格으로 태어나면서부터 富格을 이루고 있다. 그런데 支의 喜神인 午火가 申子 水局에 맥을 쓰지 못하고 있다가 運路가 동남으로 行하면서 크게 발전하여 대부격이 된 것이다.

時 日 月 年
丙 丙 丁 丁(男命)　辛壬癸甲乙丙
申 辰 未 亥　　　　丑寅卯辰巳午

未月에 丙火 日主로 태어난 命으로 丙火는 태양인데 여름에는 할 일이 무척이나 많은 까닭에 태어나면서 일복을 지닌 명조(命造)이다. 水木을 용신으로 하고 있는데 運路에서 甲辰 癸卯를 만나면서부터 일약 발전하여 대기업을 일으키고 사장이 된다. 이 命은 특히 比劫이 많아 큰 성공을 못하고 돈을 벌 수 없다고들 하지만 大富를 이루었다. 따라서 비겁은 富를 이루지 못한다는 경직된 도식에 의한 감정을 하는 오류를 범해서는 안될 것이다.

時 日 月 年
丙 庚 戊 己(女命)　甲癸壬辛庚己
子 午 辰 丑　　　　戌酉申未午巳

이 命은 辰月에 태어난 庚金 日主로 年月柱에 土神이 많아 신왕하므로 時支의 子水를 용신으로 삼아야 한다. 壬申 大運부터 해운업에 손을 대 수백억 원을 벌었는데 또 전도에 癸酉運이 보이므로 더욱 富를 쌓을 수 있을 것으로 보인다. 이같이 富한 四柱는 運路와도 조화를 이루어야 함을 알 수 있다.

2. 귀(貴)할 四柱

고관이 되어 衆人의 두령이 되고 이름을 四海에 떨치려 하면 모름지기 日主가 旺하고 건강하여 관성을 取用하는 四柱라야 한다. 관성이 지지에 通根通氣하고 재성이 있어 生官하면, 大運이 財官鄕으로 行하여 가면 가히 벼슬길에 크게 떨칠 것이니 比肩이 없다면 아무도 그의 冠帶를 奪取하지 못할 것이다.

◎ 귀(貴)한 命

時 日 月 年
庚 丁 甲 壬(男命)　　庚己戊丁丙乙
戌 未 辰 申　　　　　戌酉申未午巳

이 命은 丁火 日主가 辰月에 출생하였으므로 甲木과 庚金을 용신으로 삼아야 한다. 용광로인 丁火는 時干의 미완성 금인 庚金을 녹여 기물을 만드는 역할을 하는 것이 소임인데 甲木을 가지고 심지를 삼아 불을 피워야 큰 부을 얻고 큰 그릇을 만든다. 따라서 이 命은 甲, 庚, 丁 三字가 모두 갖추어져 있으므로 매우 貴한 命이 틀림없다.

時 日 月 年
癸 壬 戊 丁(男命)　　壬癸甲乙丙丁
卯 寅 申 酉　　　　　寅卯辰巳午未

이 命은 壬水 日主가 申月에 태어난 命으로 年支의 酉金과 時干의 癸水가 있어 水旺하며, 日主인 壬水는 빗물인 癸水를 싫어하는데 月上의 戊土를 用하여 合去하였으므로 四柱의 구조가 밝고 깨끗해졌다. 한편 運路가 남동으로 行했으므로 貴함이 극에 달했다고 보며 드디어는 一國의 대통령이 되었다.

時 日 月 年
甲 己 丁 乙(男命)　　辛壬癸甲乙丙
字 未 亥 亥　　　　　巳午未申酉戌

己土 日主의 이 命은 水旺한 亥月에 태어나 신약하다. 따라서 月上의 丁火를 용신으로 삼아 몸을 보해야 한다. 運路上에서 未午巳를 만나 용신이 得地하니 貴한 命造가 되어 一國의 王이 된 命이다. 이같이 貴한 命造는 原局의 흉함을 없애주는 길신을 만나야 한다.

3. 빈(貧)할 四柱

재성이 忌神이 되거나 재성이 용신으로 되어도 재관의 기력이 없고 비겁에 同柱하며 官이 身王地나 비겁의 鄕으로 달려가면 일생을 通하여 재물을 취하지 못할 것이다. 또 편재를 用하면 비록 일시에 큰 돈을 벌었다 할지라도 물거품처럼 사라지게 되니 편재란 衆人의 재물인 까닭이다.

◎ 빈(貧)한 命

時 日 月 年
乙 丁 癸 癸(男命)　　丁戊己庚辛壬
巳 酉 亥 亥　　　　　巳午未申酉戌

丁火 日主가 水旺한 亥月에 태어난 命인데 年柱와 月柱에 모두 水神이 있어 태약하다. 따라서 時干의 乙木을 용신으로 한다. 그러나 乙木

은 甲木과는 달리 화초목이며 젖은 나무이므로 丁火를 生하는 힘이 미약하고 運路 또한 따라 주지 못하고 있으므로 빈한하고 불쌍한 命이다.

時 日 月 年
壬 壬 丁 辛(女命)　　癸壬辛庚己戊
寅 申 酉 未　　　　　卯寅丑子亥戌

이 命은 壬水 日柱가 酉月에 태어나 月干의 丁火와 丁壬合을 이루고 있다. 이같이 合을 이루면 재복이 있다고도 하지만 丁火를 生하여 주는 時支의 寅木이 日支인 辛과 沖이 되어 쓸 수 없음을 알아야 한다. 또 日主는 合이 되면 凶한 법인데, 財合이 되었으므로 돈 걱정을 하면서 평생을 보내게 될 命이 틀림없다.

時 日 月 年
甲 戊 戊 戊(女命)　　壬癸甲乙丙丁
寅 午 午 午　　　　　子丑寅卯辰巳

戊土 日主에 午月生으로 火土가 旺하여 일견 時柱의 甲寅木을 用할 듯하지만 地支에 寅午 火局을 이루어 木神이 괴멸되니 대단히 흉한 命이다. 더욱이 日主가 산인데 온통 산에 불이 났으니 모든 것이 타버려 남는 것이 없으니 평생토록 재물과는 인연이 없고 빈 손으로 돌아간다. 이 命柱는 재물을 얻으려고 별의별 직종을 다 해보았으나 모두 허사였다.

4. 천(賤)할 四柱

日主가 旺하여 비록 관성을 취용한다고 할지라도 관성의 氣가 무력하고 재성이 없으며 刑, 冲, 破財 되면 일생 동안 수학한다 하여도 벼슬에 오르지 못하고 탄식만 하게 되니, 이는 四柱八字 오행의 묘함을 인력으로 어찌할 수 없기 때문이다.

◎ 천(賤)한 命

時 日 月 年
甲 己 壬 己(女命)　　戊丁丙乙甲癸
戊 丑 申 巳　　　　　寅丑子亥戌酉

申月의 己土 日主는 바꿔 말하면 가을 밭의 농작물이다. 時干의 甲木이 농작물인데 月干에 壬水가 있으니 이는 추수를 앞둔 밭에 홍수가 범람하여 들어온 格이다. 따라서 농작물을 망치는 것은 두 말할 나위도 없고 己土가 壬水에 맥없이 풀어지니 돈만 주면 몸을 파는 아주 賤한 여자의 命이다. 더욱이 運路가 秋冬節로 달리는데 흉신인 壬水가 기세를 부리니 일생에 한 번도 빛을 보지 못하고 천하게 굴러다니다가 죽음에 이를 불행한 命이다.

時 日 月 年
丙 乙 癸 丁(男命)　　丁戊己庚申壬
戌 酉 卯 亥　　　　　酉戌亥子丑寅

乙木 日主로 卯月에 태어나서 활기를 띠고 있는 命으로 時干에 丙火

를 보아 대단히 길한 命造로 볼 수 있다. 그러나 月上의 癸水가 水剋火하여 乙木의 유일한 희망인 丙火를 깨트리고 말았으니 천한 命이 되었다. 또 日主와 통근(通根)된 卯木을 酉가 冲하였으므로 대단히 不吉하여 일정한 직업 없이 떠돌아다니다 객사한다.

時	日	月	年		
辛	壬	癸	丁	(女命)	己戊丁丙乙甲
丑	寅	卯	丑		酉申未午巳辰

壬水 日主가 卯月의 木旺節에 태어난 命이므로 신약하다. 年干의 丁火가 壬日主와 合하려고 덤벼들기 때문에 어쩔 수 없이 月干 癸水를 用하였는데 卯月은 습기가 많은 까닭에 寅 중의 丙火를 용신으로 삼는다. 이와 같이 剋된 용신을 쓰는 女命은 二夫之命으로 남편을 剋하기도 하며 한 남자로 만족하지 못하기도 한다. 또 運路가 巳午未 남방의 火地로 行하여 寅午 火局으로 火가 旺해지니 불을 끄려고 水를 用하여 화류계에 몸을 맡기는 천한 命이 된 것이다.

5. 길(吉)할 四柱

비록 재성이나 관성을 요인으로 갖지 못하였어도 喜神의 보필함이 있으면 평생토록 안태하고 吉함이 있다. 보필한다는 것은 희신이나 용신이 日主의 좌우에 있는 것을 말하니 용신은 地支보다 天干에 있음을 더 소중하게 본다. 支에 있으면 支는 陰에 속하므로 내가 억지로 구하는 것이 되고, 干은 陽에 속하므로 쾌히 스스로 吉함이 찾아오는 까닭이다.

◎ 길(吉)한 命

時 日 月 年
辛 己 己 己(女命)　乙甲癸壬辛庚
未 未 巳 巳　亥戌酉申未午

己土 日柱가 巳月에 태어났는데 干支에 火土가 많아 時上의 辛金을 용신으로 하여 보석을 캐는 밭이 되었다. 이같은 命은 재관이 없어도 吉한 命造로 본다.

時 日 月 年
壬 辛 乙 丁(女命)　辛庚己戊丁丙
辰 丑 巳 卯　亥戌酉申未午

辛金 日主로 巳月에 태어난 命이다. 年月上에 재관이 되는 木火가 있어도 辛金은 관성을 보면 凶하므로 時上의 壬水를 용신으로 한다. 따라서 보석을 깨끗한 물로 잘 닦아내니 빛을 발하고 그 가치를 인정받을 수 있게 된다. 또한 大運이 서북으로 향하니 吉命이 틀림없다.

6. 흉(凶)할 四柱

日主가 신약하든지 바대로 身旺無依하거나 忌神이 몰려 있는 자는 평생토록 발복함이 없어 한탄만 하다가 죽음에 이르게 될 것이다. 忌神이란 물론 용신을 손상하게 하는 것으로서 忌神이 盛하는 運路에는 질병과 관재와 재앙으로 패망하게 될 것이다.

◎ 흉(凶)한 命

時 日 月 年
壬 甲 壬 壬(女命) 丙丁戊己庚辛
申 午 子 辰 午未申酉戌亥

甲木 日主가 子月에 태어난 命이므로 甲木은 얼어붙은 겨울나무와 같으니 불을 필요로 한다. 日支에 午火가 있기는 하나 子午 冲이 되어 불이 꺼진데다 申子辰 水局을 이루니 불이 살아날 기력조차 없으므로 매우 凶한 命이 되었다. 더욱이 運路가 金으로 行하니 이 命의 凶함은 다른 命이 따르지 못한다.

時 日 月 年
甲 癸 丙 丁(男命) 庚辛壬癸甲乙
寅 未 午 巳 子丑寅卯辰巳

癸水 日主가 午月에 태어난 命인데 四柱 내에 木火가 많으므로 태약하다. 日柱를 돕는 金水가 한 점도 없는 데다가 運路가 또 木旺節로 行하니 업친 데 덥친 격이 돼 흉한 命이 되었다.

7. 요절(夭折)할 四柱

용신이 冲이 되거나 原局에 나타나지 않는 경우가 있고 있더라도 신약하여 運路에서 剋함을 받거나 冲이 되면 요절할 命이라 한다. 또 日主가 洩氣 태심하면 通根이라도 해야 하나 그렇지도 못하고 또 運路에서 生함을 받지 못해도 마찬가지다. 웬만한 四柱 구조가 되어도 運路에서 용신과 심하게 상극되면 요절할 수 있다.

◎ 요절할 命

時	日	月	年		
丙	庚	庚	己	(男命)	甲乙丙丁戊己
子	午	午	亥		子丑寅卯辰巳

庚金 日主가 午月 火旺節에 태어났으므로 水를 用해야 하나 子午가 沖이 되어 子水를 쓰지 못하고 月上의 庚金을 용신으로 삼는다. 그런데 丁卯運에 이르러 丁火가 용신 庚金을 剋하고 地支의 卯는 다시 亥와 合하여 午火를 生해 주니 庚金 日主가 녹아서 요절하였다.

時	日	月	年		
己	丁	丁	己	(女命)	癸壬辛庚己戊
酉	巳	丑	丑		未午巳辰卯寅

丑月에 丁火 日主로 태어났으나 설기가 태심하여 月干 丁火를 용신으로 삼았다. 그런데 이 丁火 역시 설기가 심한데다 地支에 通根마저 되지 못하고 있던 중에 寅卯辰 運에서는 木神이 氣를 얻어 무사히 넘겼으나 辛巳運 중의 己巳年에 백혈병으로 사망하였다.

時 日 月 年
戊 戊 戊 戊(男命)　　甲癸壬辛庚己
午 寅 午 戌　　　　子亥戌酉申未

午月의 戊土 日主가 午火에 뿌리를 두어 신왕한 듯하지만 地支에 寅午戌 火局이 들어 오히려 신약한 命이 되었다. 원래 水神을 용신으로 하여야 하나 四柱 내에 일점 水氣가 없으므로 日主를 돕는 戊土를 用神으로 삼았다. 혹자는 原局에 없는 경우에도 용신을 삼는다고 하지만 이는 명백한 잘못이다. 壬戌運에 용신 및 旺日主가 入墓하니 곧바로 사망하였다.

8. 장수(長壽)할 四柱

四柱구조가 대체적으로 吉한데 日主가 확실하게 通根하여 健旺한 경우 틀림없이 장수한다. 月支를 得令하고 오행이 고루 짜여져 있는 命도 장수하고 또한 용신이나 희신이 상극되지 않을 때도 그러하다.

◎ 장수할 命

時 日 月 年
壬 戊 辛 丁(男命)　　乙丙丁戊己庚
戌 午 亥 卯　　　　巳午未申酉戌

亥月의 戊土는 日主가 月상에서 흉신인 辛金을 만났는데 年干의 丁火로 制金하였으니 길할 命이다. 日支와 時支의 午戌 火局에 丁火 용신이 通根하여 강건하다. 命에 있어 용신이 건왕하면 장수할 것이 틀림없다 하였는데 운로 또한 서남으로 行하여 70세가 넘도록 장수하였다.

時 日 月 年
甲 壬 丙 戊(男命)　　壬辛庚己戊丁
辰 寅 辰 午　　　　戊酉申未午巳

壬水 日主가 辰月에 태어나 甲木과 丙火를 용신으로 하고 있다. 좋은 용신을 가지고 있는데 지지에 通根하고 있으므로 튼튼한 四柱 구조를 갖추었으니 타고난 건강을 자랑할 만하다. 이와 같이 原局이 튼튼하게 짜여져 있는 命은 運路에서 日主를 剋하려 해도 힘이 모자라니 運路에 관계없이 장수한다.

時 日 月 年
庚 壬 戊 戊(男命)　　甲癸壬辛庚己
子 申 午 申　　　　子亥戌酉申未

壬水 日主가 午月 火旺節에 태어나 신약할 듯이 보이나 年支와 日支, 時支에 金水가 있으니 용신 및 日主가 튼튼하며 건왕하다고 할만하다. 게다가 運路도 용신이 旺한 곳으로 흘러가니 가히 장수할 命이 틀림없다.

참 고 문 헌

淵海子平 서자평(徐子平) 著

滴天髓補註 서락오(徐樂吾) 註

滴天髓徵義 서락오(徐樂吾) 編訂

四柱推命學 출운우태랑(出雲又太郎) 著

佘氏用神辭淵 양상윤(梁湘潤) 編著

韋千理命學講義 위천리(韋千理) 編著

命理約言 위천리(韋千理) 編著

命理大全 공치천(龔雉川) 著

滴天髓新註釋 공일창(孔日昌) 編著

河洛理數推命學 공일창(孔日昌) 編撰

大流年判例 양상윤(梁湘潤) 編著

命理新論 오준민(吳俊民) 著

滴天髓闡微 원수산(袁樹珊) 編著

命理正宗 장남(張楠) 著

三命通會 육오산인(育吾山人)

子平推命實占講義 좌등육룡(佐藤六龍) 著

四柱推命學 고목승(高木乘) 著

四柱精說 백영관(白靈觀) 著

부 록

신생아 이름 짓는 법(法)

<부록>

신생아 이름 짓는 법

이름 짓는 법(法)에는 두 가지의 공식이 있다.

첫째, 한자(漢字)로 된 이름의 경우 수세기에 걸쳐 성(姓)과 이름의 획수를 중심으로 이루어진 수리학法이 있으며,

둘째, 한글로 된 이름이 있는데 이는 漢字의 획수보다 한글발음을 중요시 하여 현대감각에 맞게 과학적인 음성소리학 오행법(五行法)이 있다.

漢字수리학法의 경우 획수 즉 숫자의 의미인 원격(元格), 형격(亨格), 이격(利格), 정격(貞格)의 4개 부문으로 정해져 있는데 元格의 경우 이름자의 첫자와 끝자를 말하고, 亨格은 姓과 가운데 이름자를 말하며, 利格은 姓과 이름 끝자를 말한다. 끝으로 貞格은 姓과 이름 전체의 획수를 의미한다.

예를 들어 송나라 송(宋), 알 지(知), 닦을 수(修)의 이름은 宋은 7획, 知는 8획, 修는 10획으로 元格은 18획, 亨格은 15획, 利格은 17획, 貞格은 25획으로 수리학법상 작명을 연구하는 학자들은 나무랄 데 없는

이름으로 훌륭한 점수를 주고 있다.

그러나 이와는 반대로 7획 姓인 宋氏 姓 외에도 李氏 등 많은 姓氏들이 있는데 知修라는 이름과 같이 8획과 10획의 수리에 맞게 지을 수 있는 漢字들이 많지 않다는 게 일부 학자들의 중론이다.

이에 대하여 한글 음성소리학 五行法은 과학적이면서도 현대적인 감각으로 손쉽게 신생아 이름을 지을 수 있어 젊은 부모들이 선호하는 추세이다.

人間이 지닌 아니 평생 짊어지고 있는 이름자가 잘못 지어진다면 그것을 쉽게 바로잡기 어려울 뿐만 아니라 그 사람 평생의 커다란 짐이 될 수도 있음이다.

한글 음성소리학 五行法으로 이름 짓는 공식을 말하기 전에 독자들의 편의를 위하여 五行論에 대한 간단한 설명을 하기로 한다.

五行이란 즉 오성(五星)이라고도 하는데 木, 火, 土, 金, 水 5개의 星이 존재하고 있다는 뜻이다.

이는 태극에서 처음 하늘과 땅(天地)이 생출(生出)할 때 함께 태어났다고 서공승의 저 연해자평에 저술되어 있다. 이에 대하여 五行은 우주의 삼라만상은 모두가 음양(陰陽)의 과정을 거쳐서 생성(生成)되고 五行의 원리(原理)에 의하여 생멸(生滅)하고 성쇠(盛衰)가 이루어지며 오묘한 기운(氣運)으로 우주만물의 존재와 작용의 원천을 이루고 자연이나 인간(人間)을 포함한 생명체의 근본(根本)이 그 氣運에 의하여 이루어진다는 것이다.

또 신생아 이름을 짓기 위해서는 五行의 상생(相生)과 상극(相剋)의 原理를 말하지 않을 수 없다.

五行의 相生과 相剋의 논리는 즉 봄(春)이 오면 꽃이 피고 여름(夏)이 가면 가을(秋)이 오고 가을이 가면 겨울(冬)이 오고 꽃이 지면 열매를 맺는 것과 같이 자연에 의하여 공전하는 것이다.

相生의 경우 木은 火를 生하고 火는 土를, 土는 金을, 金은 水를 生해주는 작용이 끊임없이 순환반복되고 있는 것이며 相剋의 경우 水는 火를 剋하고 火는 金을, 金은 木을, 木은 土를, 土는 水를 剋하는 순으로 相剋작용이 반복되고 있다는 것이다.

이와 같은 相生과 相剋의 작용들이 어느 쪽 하나만 있다면 정상적인 평형이 유지될 수 없어 결국 우주만물은 생성할 수 없으므로 相生과 相剋작용이 함께 공존하고 있는 것, 과학적이고 현대감각에 맞는 음성소리학 五行法을 알아본다.

五行의 木은 한글의 자음인 ㄱ, ㅋ의 발음으로 소리 아(牙)자를 이용 어금닛 소리음(音)을 나타낸다.

五行의 火는 한글의 자음인 ㄴ, ㄷ, ㄹ, ㅌ의 발음으로 혀 설(舌)자를 이용 혓소리음(tongue)을 나타낸다.

五行의 土는 한글의 자음인 ㅇ, ㅎ의 발음으로 목구멍 후(喉)자를 이용 목구멍 소리음(neck)을 나타낸다.

五行의 金은 한글의 자음인 ㅅ, ㅈ, ㅊ의 발음으로 이 치(齒)자를 이용 잇소리음(tooth)을 나타낸다.

五行의 水는 한글의 자음인 ㅁ, ㅂ, ㅍ의 발음으로 입술 순(脣)자를 이용 입술소리음(lip)을 나타내므로 한글의 자음 14자가 모두 사용되는 것이다.

다음은 한글 음성소리학 五行法의 신생아 이름에 대하여 예를 든다.

첫째, 문혜성 이름의 경우 姓氏인 문을 五行상 水, 가운데 혜는 土, 끝자인 성은 金이다.

위의 이름에 대하여 五行의 相生 相剋 表를 보면서 풀어보자.

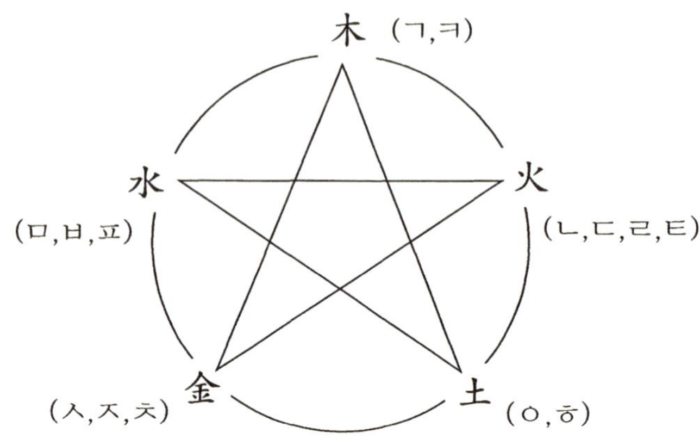

위의 그림에서 곡선으로 연결되는 선은 상생관계(相生關係)를 나타내고, 가운데 직선으로 표시한 선은 상극관계(相剋關係)를 나타낸다.

위의 이름의 경우 혜는 土, 성은 金으로 문은 水가 되므로 土生金, 金生水로 모두 生하여 주는 이름이다.

두 번째 예는 문혜정의 경우 혜는 土, 정은 金, 문은 水가 되므로 모두가 生해주고 있다.

세 번째 예는 이와 반대로 문명호라는 이름의 相生相剋을 살펴보면 가운데 명은 水가 되며 이름의 끝자 호는 土, 姓의 문자는 가운데 이름 명자와 같이 水가 된다.

도표와 같이 土는 水를 剋한다고 되어 있다. 이름의 끝자리 土가 이름의 가운데 水를 극하고 또 끝자리 土는 姓氏의 水를 극함으로 이같은 이름이 姓氏 마저 相剋이 되는 것은 피해야 할 것이다.

또한 저자의 역서(易書)가 출간되는 2013년인 올해는 계사년(癸巳年)이다.

五行상 天干의 癸는 水가 되며 地支의 巳는 火가 된다.

그러므로 五行의 水에는 脣音으로 한글의 자음인 ㅁ, ㅂ, ㅍ이 있으며 火에 舌音으로 ㄴ, ㄷ, ㄹ, ㅌ으로 음성소리음을 나타내고 있어 올해인 2013년에 출생하는 신생아의 이름을 지을 경우 相剋관계가 되므로 올해만은 피하는 것이 좋다.

漢字로 이름 짓는 수리학法에는 陰陽의 命理學의 原理에 따라 올해(2013년)의 癸巳年은 天干인 癸와 地支인 巳가 모두 陰이다.

陰과 陽의 조화를 이루기 위하여서는 이름자의 가운데 들어가는 漢字는 陽을 사용한다면 우선 성격부터 부드러운 이름이 될 것이다.

강(姜)정(廷)철(徹)의 예를 들면 漢字의 획수가 9, 7, 15획으로 모두 홀수를 이루고 있기 때문에 너무 한쪽으로 치우쳐진 강한 氣運이 내포되어 있다.

이름도 運命과 마찬가지로 개인의 개성이 들어 있으며 평생 불리어질 때 "음파"의 기운이 있기 때문에 특히 여자의 이름을 지을 때 주의하여야 할 것이다.

한글의 자음과 五行으로 분류된 이름자에 들어가는 2850개의 漢字는 다음과 같다.

1. 木(ㄱ, ㅋ)의 글자

가	甲 木	可 ⑤ 옳을	加 ⑤ 더할	架 ⑨ 세울	假 ⑪ 거짓	嫁 ⑬ 시집갈	賈 ⑬ 값
		暇 ⑬ 한가할	價 ⑮ 값	駕 ⑮ 멍에	稼 ⑮ 심을		
	乙 木	佳 ⑧ 아름다울	家 ⑩ 집	街 ⑫ 거리	嘉 ⑭ 아름다울	歌 ⑭ 노래	
각	甲 木 甲 木	角 ⑦ 뿔	却 ⑦ 물리칠	脚 ⑬ 다리			
	乙 木 乙 木	各 ⑥ 각각	刻 ⑧ 새길	珏 ⑨ 쌍옥	恪 ⑩ 공경	殼 ⑫ 껍질	閣 ⑭ 집
		覺 ⑳ 깨달을					
간	甲 木 丙 火	干 ③ 방패	刊 ⑤ 새길	杆 ⑦ 줄기	姦 ⑨ 간사할	看 ⑨ 볼	竿 ⑨ 대줄기
		肝 ⑨ 간	揀 ⑬ 가릴	幹 ⑬ 줄기	懇 ⑰ 정성		
	乙 木 丁 火	艮 ⑥ 간방	侃 ⑧ 강직할	玕 ⑧ 아름다운돌	間 ⑫ 사이	墾 ⑰ 개간할	諫 ⑯ 간할
		簡 ⑱ 편지					

갈	甲 木 丙 火	渴 ⑬ 목마를	葛 ⑮ 칡				
감	甲 木 壬 水	甘 ⑤ 달	勘 ⑪ 마감할	感 ⑬ 감동할	減 ⑬ 감할		
	乙 木 癸 水	敢 ⑫ 구태여	堪 ⑫ 견딜	監 ⑫ 볼	瞰 ⑯ 굽어볼	鑑 ㉒ 거울	
갑	甲 木 壬 水	甲 ⑤ 첫째천	鉀 ⑬ 갑옷				
강	甲 木 戊 土	江 ⑦ 물	杠 ⑦ 외나무다리	姜 ⑨ 성	強 ⑪ 굳셀	堈 ⑪ 언덕	康 ⑪ 편안할
		崗 ⑪ 산등성이	慷 ⑮ 강개할	橿 ⑰ 박달나무	講 ⑰ 강론할		
	乙 木 己 土	岡 ⑧ 산등성이	剛 ⑩ 굳셀	降 ⑭ 내릴	綱 ⑭ 벼리	彊 ⑯ 강할	鋼 ⑯ 강철
개	甲 木	改 ⑦ 고칠	皆 ⑨ 모두	慨 ⑮ 슬퍼할	槪 ⑮ 대강	漑 ⑮ 물댈	
	乙 木	介 ④ 소개할	价 ⑥ 클	個 ⑩ 낱	開 ⑫ 열	凱 ⑫ 착할	箇 ⑭ 낱
		蓋 ⑯ 덮을					
객	甲 木 甲 木	客 ⑨ 손					
갱	甲 木 戊 土	更 ⑦ 다시	坑 ⑦ 빠질				

거	甲 木	去 ⑤ 갈	巨 ⑤ 클	車 ⑦ 수레	拒 ⑨ 막을	渠 ⑬ 도랑	擧 ⑰ 들
		據 ⑰ 웅거할					
	乙 木	居 ⑧ 살	距 ⑫ 떨	遽 ⑳ 급할			
건	甲 木 丙 火	巾 ③ 수건	建 ⑨ 세울	乾 ⑪ 하늘	健 ⑪ 굳셀	楗 ⑬ 세울	鍵 ⑰ 열쇠
	乙 木 丁 火	件 ⑥ 조건	虔 ⑩ 정성				
걸	乙 木 丁 火	杰 ⑧ 호걸	傑 ⑫ 호걸				
검	甲 木 壬 水	劍 ⑮ 칼	儉 ⑮ 검소할	檢 ⑰ 검사할			
게	甲 木	揭 ⑬ 들					
	乙 木	憩 ⑯ 쉴					
격	甲 木 甲 木	擊 ⑰ 칠	激 ⑰ 과격할	檄 ⑰ 격문			
	乙 木 乙 木	格 ⑩ 격식	隔 ⑱ 막힐				
견	甲 木 丙 火	見 ⑦ 볼	堅 ⑪ 굳을	牽 ⑪ 이끌	絹 ⑬ 비단	遣 ⑰ 보낼	

	乙 木 丁 火	犬 ④ 개	肩 ⑩ 어깨	鵑 ⑱ 뻐꾹새			
결	甲 木 丙 火	訣 ⑪ 비결					
	乙 木 丁 火	決 ⑧ 결단할	缺 ⑩ 결렬	結 ⑫ 맺을	潔 ⑯ 맑을		
겸	甲 木 壬 水	謙 ⑰ 겸손할					
	乙 木 癸 水	兼 ⑩ 겸할	鎌 ⑱ 낫				
경	甲 木 戊 土	更 ⑦ 고칠	俓 ⑨ 곧을	勁 ⑨ 굳셀	頃 ⑪ 이랑	竟 ⑪ 마침내	涇 ⑪ 통할
		卿 ⑪ 벼슬	梗 ⑪ 정직할	傾 ⑬ 기울어질	莖 ⑬ 줄기	敬 ⑬ 공경할	經 ⑬ 글
		儆 ⑮ 경계할	慶 ⑮ 경사	熲 ⑮ 빛날	檠 ⑰ 등불	璟 ⑰ 옥빛	擎 ⑰ 받들
		鯨 ⑲ 고래	鏡 ⑲ 거울	驚 ㉓ 놀랄			
	乙 木 己 土	炅 ⑧ 빛날	庚 ⑧ 별	京 ⑧ 서울	坰 ⑧ 들	倞 ⑩ 굳셀	耕 ⑩ 밭갈
		耿 ⑩ 빛날	徑 ⑩ 지름길	硬 ⑫ 단단할	景 ⑫ 별	逕 ⑭ 길	輕 ⑭ 가벼울
		境 ⑭ 지경	憬 ⑯ 깨달을	暻 ⑯ 밝을	警 ⑳ 경계할	瓊 ⑳ 구슬	競 ⑳ 다툴

계	甲 木	系 ⑦ 이을	戒 ⑦ 경계할	係 ⑨ 걸릴	契 ⑨ 맺을	癸 ⑨ 북방	計 ⑨ 셈할
		界 ⑨ 지경	啓 ⑪ 일깨울	械 ⑪ 기계	階 ⑰ 섬돌	鷄 ㉑ 닭	
	乙 木	季 ⑧ 계절	桂 ⑩ 계수나무	烓 ⑩ 화덕	溪 ⑭ 시내	誡 ⑭ 경계할	繼 ⑳ 이을
고	甲 木	叩 ⑤ 두드릴	古 ⑤ 옛	告 ⑦ 알릴	故 ⑨ 옛	枯 ⑨ 마를	苦 ⑪ 괴로울
		鼓 ⑬ 북칠	稿 ⑮ 볏집	顧 ㉑ 돌아볼			
	乙 木	考 ⑥ 상고할	固 ⑧ 굳을	孤 ⑧ 홀로	姑 ⑧ 시어머니	庫 ⑩ 곳집	高 ⑩ 높을
		皐 ⑫ 언덕	敲 ⑭ 두드릴				
곡	甲 木 甲 木	谷 ⑦ 골	穀 ⑮ 곡식				
	乙 木 乙 木	曲 ⑥ 굽을	哭 ⑩ 울				
곤	甲 木 丙 火	困 ⑦ 곤할	崑 ⑪ 산이름	琨 ⑬ 아름다운옥			
	乙 木 丁 火	昆 ⑧ 형	坤 ⑧ 땅	錕 ⑯ 구리			
골	乙 木 丁 火	骨 ⑩ 뼈					

공	甲 木 戊 土	工 ③ 장인	功 ⑤ 공훈	攻 ⑦ 칠	珙 ⑪ 크고둥근옥		
	乙 木 己 土	孔 ④ 구멍	公 ④ 귀	共 ⑥ 한가지	供 ⑧ 이바지할	空 ⑧ 빌	恭 ⑩ 공손할
		恐 ⑩ 두려울	貢 ⑩ 바칠	控 ⑫ 당길			
과	甲 木	瓜 ⑤ 외	科 ⑨ 과거	誇 ⑬ 자랑할	課 ⑮ 과목		
	乙 木	戈 ④ 창	果 ⑧ 과실	菓 ⑭ 과실	寡 ⑭ 적을	過 ⑯ 지날	
곽	甲 木 甲 木	郭 ⑪ 성곽					
	甲 木 甲 木	廓 ⑭ 클					
관	甲 木 丙 火	冠 ⑨ 갓	棺 ⑪ 널	貫 ⑪ 꿸	琯 ⑬ 옥저	寬 ⑮ 너그러울	慣 ⑮ 익숙할
		館 ⑰ 객사	關 ⑲ 통할	瓘 ㉓ 서옥	觀 ㉕ 볼		
	乙 木 丁 火	官 ⑧ 벼슬	款 ⑫ 정서스러울	管 ⑭ 주관할	錧 ⑯ 보습	舘 ⑯ 객사	灌 ㉒ 물댈
괄	乙 木 丁 火	括 ⑩ 맺을					
광	甲 木 戊 土	珖 ⑪ 옥피리	廣 ⑮ 넓을	曠 ⑲ 빌	鑛 ㉓ 쇳돌		

	乙 木 己 土	光 ⑥ 빛	匡 ⑥ 바를	侊 ⑧ 클	洸 ⑩ 물솟을	桄 ⑩ 베틀	
괘	乙 木	掛 ⑫ 걸					
괴	甲 木	怪 ⑨ 괴이할	塊 ⑬ 흙덩이	壞 ⑲ 무너질			
	乙 木	愧 ⑭ 부끄러울					
굉	甲 木 戊 土	宏 ⑦ 클					
교	甲 木	巧 ⑤ 공교로울	敎 ⑪ 가르칠	較 ⑬ 비교할	郊 ⑬ 들	嬌 ⑮ 아름다울	矯 ⑰ 바로잡을
		膠 ⑰ 아교					
	乙 木	交 ⑥ 사귈	校 ⑩ 학교	喬 ⑫ 큰나무	僑 ⑭ 나그네	橋 ⑯ 다리	
구	甲 木	口 ③ 입	久 ③ 오랠	句 ⑤ 글귀절	丘 ⑤ 언덕	究 ⑦ 연구할	狗 ⑨ 개
		拘 ⑨ 잡을	九 ② 아홉	救 ⑪ 구원할	區 ⑪ 구역	苟 ⑪ 진실로	鳩 ⑬ 비둘기
		銶 ⑮ 끌	龜 ⑰ 거북	購 ⑰ 살	溝 ⑰ 개천	驅 ㉑ 달릴	
	乙 木	求 ⑥ 구할	坵 ⑧ 언덕	具 ⑧ 갖출	玖 ⑧ 검은돌	矩 ⑩ 법	俱 ⑩ 함께

		邱 ⑫ 언덕	球 ⑫ 옥경쇠	構 ⑭ 지을	軀 ⑱ 몸	舊 ⑱ 옛	鷗 ㉒ 갈매기
		懼 ㉒ 두려울					
국	甲 木 甲 木	局 ⑦ 판	國 ⑪ 나라	鞠 ⑰ 국문			
	乙 木 乙 木	菊 ⑭ 국화					
군	甲 木 丙 火	君 ⑦ 임금	軍 ⑨ 군사	群 ⑬ 무리			
	乙 木 丁 火	郡 ⑭ 고을					
굴	甲 木 丙 火	屈 ⑧ 굽을	窟 ⑬ 굴				
궁	甲 木 戊 土	弓 ③ 활	窮 ⑮ 궁진할				
	乙 木 己 土	宮 ⑩ 집	躬 ⑩ 몸				
권	甲 木 丙 火	眷 ⑪ 돌아볼	圈 ⑪ 둥글				
	乙 木 丁 火	卷 ⑧ 책	券 ⑧ 문서	拳 ⑩ 주먹	勸 ⑳ 권할	權 ㉒ 권세	
궐	乙 木 丁 火	厥 ⑫ 그	闕 ⑱ 대궐				

궤	甲 木	軌 ⑨ 굴대					
귀	甲 木	龜 ⑰ 거북					
	乙 木	鬼 ⑩ 귀신	貴 ⑫ 귀할	歸 ⑱ 돌아갈			
규	甲 木	叫 ⑤ 울부짖을	奎 ⑨ 별	規 ⑪ 법	珪 ⑪ 서옥	揆 ⑬ 헤아릴	逵 ⑮ 큰길
	乙 木	圭 ⑥ 홀	閨 ⑭ 안방	窺 ⑯ 엿볼			
균	甲 木 丙 火	均 ⑦ 고를	畇 ⑨ 따비				
	乙 木 丁 火	鈞 ⑫ 무거울	菌 ⑭ 버섯				
귤	乙 木 丁 火	橘 ⑯ 귤					
극	甲 木 甲 木	克 ⑦ 이길	剋 ⑨ 이길	極 ⑬ 다할	劇 ⑮ 연극		
	乙 木 乙 木	隙 ⑱ 틈					
근	甲 木 丙 火	近 ⑪ 가까울	僅 ⑬ 겨우	勤 ⑬ 부지런할	漌 ⑮ 맑을	槿 ⑮ 무궁화	
	乙 木 丁 火	斤 ④ 날	根 ⑩ 뿌리	筋 ⑫ 힘줄	墐 ⑭ 진흙	嫤 ⑭ 고울	瑾 ⑮ 붉은옥

		謹 ⑱ 삼가할					
금	甲 木 壬 水	禽 ⑬ 새	琴 ⑬ 거문고	禁 ⑬ 금할	襟 ⑲ 옷깃		
	乙 木 癸 水	今 ④ 이제	金 ⑧ 쇠	衾 ⑩ 이불	錦 ⑯ 비단		
급	甲 木 壬 水	急 ⑨ 급할					
	乙 木 癸 水	及 ④ 미칠	汲 ⑧ 물길을	級 ⑩ 등급	給 ⑫ 줄		
긍	甲 木 戊 土	矜 ⑨ 자랑할					
	乙 木 己 土	亘 ⑥ 뻗칠	肯 ⑩ 수긍할	兢 ⑭ 조심할			
기	甲 木	己 ③ 몸	忌 ⑦ 꺼릴	杞 ⑦ 구기자	岐 ⑦ 높을	圻 ⑦ 언덕	祈 ⑨ 빌
		紀 ⑨ 벼리	既 ⑪ 이미	飢 ⑪ 굶주릴	崎 ⑪ 산길험할	基 ⑪ 터	寄 ⑪ 부탁할
		埼 ⑬ 굽은낭떠러지	嗜 ⑬ 즐길	琪 ⑬ 옥	祺 ⑬ 길할	琦 ⑬ 옥이름	畿 ⑮ 경기
		璣 ⑰ 구슬	磯 ⑰ 자갈	麒 ⑲ 기린	譏 ⑲ 나무랄	驥 ㉗ 천리마	
	乙 木	企 ⑥ 바랄	其 ⑧ 그	汽 ⑧ 물끓는김	技 ⑧ 재주	玘 ⑧ 패옥	沂 ⑧ 물이름

		奇 ⑧ 기이할	起 ⑩ 일어날	記 ⑩ 기록할	豈 ⑩ 어찌	氣 ⑩ 기운	耆 ⑩ 늙을
		棄 ⑫ 버릴	淇 ⑫ 물이름	欺 ⑫ 속일	幾 ⑫ 거의	期 ⑫ 기약할	棋 ⑫ 뿌리
		曔 ⑭ 볕기운	旗 ⑭ 기	綺 ⑭ 비단	箕 ⑭ 키	錡 ⑯ 밥솥	錤 ⑯ 호미
		器 ⑯ 그릇	機 ⑯ 베틀	璂 ⑯ 옥	冀 ⑯ 하고자할	騏 ⑱ 바둑무늬말	騎 ⑱ 말탈
긴	乙 木 丁 火	緊 ⑭ 긴요할					
길	甲 木 丙 火	晧 ⑨ 계집					
	乙 木 丁 火	吉 ⑥ 길할	佶 ⑧ 바를	桔 ⑩ 도라지			
김	乙 木 癸 水	金 ⑧ 성					
쾌	乙 木	夬 ④ 쾌이름	快 ⑧ 쾌할				

2. 火(ㄴ, ㄷ, ㄹ, ㅌ)의 글자

나	丙 火	柰 ⑨ 어찌	那 ⑪ 어찌				
	丁 火	奈 ⑧ 어찌	娜 ⑩ 아름다울				
낙	丁 火 乙 木	諾 ⑯ 허락할					
난	丙 火 丙 火	煖 ⑬ 더울	暖 ⑬ 따뜻할	難 ⑲ 어려울			
날	丁 火 丁 火	捺 ⑫ 손으로누를					
남	丙 火 壬 水	男 ⑦ 사내	南 ⑨ 남녘	楠 ⑬ 남나무	湳 ⑬ 물이름		
납	丁 火 癸 水	納 ⑩ 들일					
낭	丁 火 己 土	娘 ⑩ 아씨					
내	丙 火	耐 ⑨ 견딜	柰 ⑨ 어찌				
	丁 火	乃 ② 이에	內 ④ 안	奈 ⑧ 어찌			
녀	丙 火	女 ③ 계집					

년	丁 火 丁 火	年 ⑥ 해	秊 ⑧ 해				
념	丁 火 癸 水	念 ⑧ 생각할					
녕	丁 火 己 土	寧 ⑭ 편안할					
노	丙 火	奴 ⑤ 종	努 ⑦ 힘쓸	怒 ⑨ 성낼			
농	丙 火 戊 土	農 ⑬ 농사	濃 ⑰ 무르익을				
뇌	丙 火	惱 ⑬ 번뇌할	腦 ⑮ 머릿골				
뉴	丁 火	紐 ⑩ 맺을					
능	丁 火 己 土	能 ⑫ 능할					
니	丙 火	泥 ⑨ 진흙					
다	丁 火	多 ⑥ 많을	茶 ⑫ 차				
단	丙 火 丙 火	旦 ⑤ 아침	但 ⑦ 다만	段 ⑨ 조각	緞 ⑮ 신뒤축	檀 ⑰ 박달나무	鍛 ⑰ 단련할
	丁 火 丁 火	丹 ④ 붉을	短 ⑫ 짧을	單 ⑫ 홑	團 ⑭ 둥글	端 ⑭ 끝	壇 ⑯ 단

		斷 ⑱ 끊을					
달	丁 火 丁 火	達 ⑯ 통달할					
담	丙 火 壬 水	談 ⑮ 말씀	擔 ⑲ 멜	膽 ⑲ 쓸개	譚 ⑲ 클		
	丁 火 癸 水	淡 ⑫ 맑을	潭 ⑯ 연못				
답	丙 火 壬 水	畓 ⑨ 논	踏 ⑮ 밟을				
	丁 火 癸 水	答 ⑫ 대답					
당	丙 火 戊 土	堂 ⑪ 당집	當 ⑬ 마땅	塘 ⑬ 못	黨 ⑲ 무리	鐺 ㉑ 쇠사슬	
	丁 火 己 土	唐 ⑩ 당나라	糖 ⑯ 엿				
대	丙 火	大 ③ 큰	代 ⑤ 대신	待 ⑨ 기다릴	袋 ⑪ 자루	帶 ⑪ 띠	隊 ⑰ 떼
		擡 ⑰ 들					
	丁 火	垈 ⑧ 집터	玳 ⑩ 대모	貸 ⑫ 빌	臺 ⑭ 집	對 ⑭ 대답할	戴 ⑱ 일
덕	丙 火 甲 木	德 ⑮ 큰	悳 ⑫ 큰 (德자의 통용어로 흡수)				

도	丙 火	度 ⑨ 법도	塗 ⑬ 진흙	渡 ⑬ 건널	跳 ⑬ 뛸	逃 ⑬ 도망할	稻 ⑮ 벼
		鍍 ⑰ 도금할	蹈 ⑰ 밟을	禱 ⑲ 기도할			
	丁 火	刀 ② 칼	到 ⑧ 이를	桃 ⑩ 복숭아	徒 ⑩ 무리	島 ⑩ 섬	倒 ⑩ 넘어질
		挑 ⑩ 끌어낼	堵 ⑫ 담	盜 ⑫ 도적	掉 ⑫ 흔들	圖 ⑭ 그림	途 ⑭ 길
		都 ⑯ 도읍	陶 ⑯ 질그릇	道 ⑯ 길	導 ⑯ 인도할	濤 ⑱ 큰물결	燾 ⑱ 덮을
독	丙 火 甲 木	督 ⑬ 감독할	獨 ⑰ 홀로				
	丁 火 乙 木	毒 ⑧ 독할	篤 ⑯ 도타울	讀 ㉒ 읽을			
돈	丙 火 丙 火	豚 ⑪ 돼지	頓 ⑬ 조아릴	墩 ⑮ 돈대			
	丁 火 丁 火	敦 ⑫ 도타울	惇 ⑫ 두터울	暾 ⑯ 해돋을	燉 ⑮ 빛날		
돌	丙 火 丙 火	突 ⑨ 부딪칠					
	丁 火 丁 火	乭 ⑥ 이름					
동	丙 火 戊 土	冬 ⑤ 겨울	動 ⑪ 움직일	董 ⑮ 감독할			

	丁 火 己 土	同 ⑥ 한가지	東 ⑧ 동녘	凍 ⑩ 얼	洞 ⑩ 고을	桐 ⑩ 오동나무	童 ⑫ 아이
		棟 ⑫ 들보	銅 ⑭ 구리	潼 ⑯ 물이름			
두	丙 火	豆 ⑦ 콩	杜 ⑦ 막을				
	丁 火	斗 ④ 말	枓 ⑧ 주두	頭 ⑯ 머리			
둔	丁 火 丁 火	屯 ④ 모일	鈍 ⑫ 둔할	遁 ⑯ 피할			
득	丙 火 甲 木	得 ⑪ 얻을					
등	丙 火 戊 土	謄 ⑰ 베낄	鄧 ⑲ 나라이름	藤 ㉑ 덩굴			
	丁 火 己 土	登 ⑫ 오를	等 ⑫ 무리	燈 ⑯ 등불	騰 ⑳ 오를		
라	丁 火	羅 ⑳ 벌일					
락	丙 火 甲 木	珞 ⑪ 목걸이	酪 ⑬ 타락할	樂 ⑮ 즐거울	落 ⑮ 떨어질		
	丁 火 乙 木	洛 ⑯ 서울	絡 ⑫ 이을				
란	丙 火 丙 火	卵 ⑦ 알	亂 ⑬ 어지러울	爛 ㉑ 찬란할	瀾 ㉑ 큰물결	欄 ㉑ 난간	蘭 ㉓ 난초

	丁 火 丁 土	瓓 ㉒ 옥무늬					
람	丙 火 壬 水	濫 ⑱ 물넘칠	藍 ⑳ 쪽	覽 ㉒ 볼			
랑	丙 火 戊 土	浪 ⑪ 물결	朗 ⑪ 밝을	廊 ⑬ 행랑	瑯 ⑮ 고을이름		
	丁 火 己 土	琅 ⑫ 옥돌	郞 ⑭ 사내				
래	丙 火	崍 ⑪ 산이름					
	丁 火	來 ⑧ 올	萊 ⑭ 쑥				
랭	丙 火 戊 土	冷 ⑦ 찰					
략	丙 火 甲 木	略 ⑪ 간략할					
	丁 火 乙 木	掠 ⑫ 노략질할					
량	丙 火 戊 土	良 ⑦ 어질	亮 ⑨ 밝을	梁 ⑪ 들보	諒 ⑮ 믿을	樑 ⑮ 들보	
	丁 火 己 土	兩 ⑧ 들	涼 ⑩ 서늘할	倆 ⑩ 재주	量 ⑫ 헤아릴	糧 ⑱ 양식	
려	丙 火	呂 ⑦ 성	侶 ⑨ 짝	慮 ⑮ 생각할	閭 ⑮ 이문	黎 ⑮ 무리	勵 ⑰ 권면할

		麗 ⑲ 고을					
	丁 火	旅 ⑩ 나그네					
력	丁 火 乙 木	力 ② 힘	歷 ⑯ 지날	曆 ⑯ 책력			
련	丙 火 丙 火	煉 ⑬ 쇠부릴	練 ⑮ 익힐	蓮 ⑰ 연꽃	聯 ⑰ 이을	鍊 ⑰ 단련할	戀 ㉓ 생각할
	丁 火 丁 火	連 ⑭ 이을	璉 ⑯ 제기	憐 ⑯ 사랑할			
렬	丁 火 丁 火	列 ⑥ 반열	劣 ⑥ 용렬할	洌 ⑧ 맵게추울	烈 ⑩ 매울	裂 ⑫ 찢어질	
렴	丙 火 壬 水	廉 ⑬ 청렴할	濂 ⑰ 물	斂 ⑰ 거둘	簾 ⑲ 발		
렵	丙 火 壬 水	獵 ⑲ 사냥할					
령	丙 火 戊 土	令 ⑤ 하여금	伶 ⑦ 영리할	昤 ⑨ 날빛영롱할	鈴 ⑬ 방울	零 ⑬ 영	嶺 ⑰ 재
	丁 火 己 土	姈 ⑧ 영리할	玲 ⑩ 옥소리	領 ⑭ 거느릴	齡 ⑳ 나이	靈 ㉔ 신령	
례	丁 火	例 ⑧ 견줄	禮 ⑱ 예도				
로	丙 火	路 ⑬ 길	魯 ⑮ 노나라	鷺 ㉓ 백로			

	丁 火	老 ⑥ 늙을	勞 ⑫ 수고로울	盧 ⑯ 성	爐 ⑳ 화로	露 ⑳ 이슬	
록	丙 火 甲 木	鹿 ⑪ 사슴	祿 ⑬ 녹				
	丁 火 乙 木	彔 ⑧ 나무깎을	綠 ⑭ 초록빛	錄 ⑯ 기록할			
론	丙 火 丙 火	論 ⑮ 의논할					
롱	丙 火 戊 土	弄 ⑦ 희롱할	瓏 ㉑ 옥소리				
	丁 火 己 土	瀧 ⑳ 적실	籠 ㉒ 채롱				
뢰	丙 火	雷 ⑬ 우뢰					
	丁 火	賴 ⑯ 힘입을					
료	丁 火	了 ② 마칠	料 ⑩ 자료	僚 ⑭ 동관			
룡	丁 火 己 土	龍 ⑯ 용					
루	丙 火	累 ⑪ 여럿	淚 ⑪ 눈물	漏 ⑮ 샐	樓 ⑮ 다락		
	丁 火	屢 ⑭ 여러					

류	丙 火	柳 ⑨ 버들	流 ⑪ 흐를	劉 ⑮ 모금도	類 ⑲ 같을		
	丁 火	留 ⑩ 머무를	琉 ⑫ 유리				
륙	丁 火 乙 木	六 ④ 여섯	陸 ⑯ 뭍				
륜	丙 火 丙 火	崙 ⑪ 산이름	輪 ⑮ 바퀴				
	丁 火 丁 火	侖 ⑧ 둥글	倫 ⑩ 인륜	綸 ⑭ 실			
률	丙 火 丙 火	律 ⑨ 법	率 ⑪ 헤아릴				
	丁 火 丁 火	栗 ⑩ 밤					
륭	丙 火 戊 土	隆 ⑰ 높을					
름	丙 火 壬 水	凜 ⑮ 찰					
릉	丁 火 己 土	綾 ⑭ 비단	菱 ⑭ 마름	陵 ⑯ 언덕			
리	丙 火	李 ⑦ 오얏나무	里 ⑦ 마을	利 ⑪ 이로울	俚 ⑨ 힘입을	梨 ⑪ 배	离 ⑪ 남방
		裏 ⑬ 속	莉 ⑬ 꽃이름	裡 ⑬ 옷안	履 ⑮ 신	離 ⑲ 떠날	

	丁 火	吏 ⑥ 아전	理 ⑫ 이치	璃 ⑯ 유리			
린	丙 火 丙 火	璘 ⑰ 옥무늬	麟 ㉓ 기린				
	丁 火 丁 火	潾 ⑯ 맑을	隣 ⑳ 이웃				
림	丙 火 壬 水	琳 ⑬ 아름다운옥	臨 ⑰ 임할				
	丁 火 癸 水	林 ⑧ 수풀	霖 ⑯ 장마				
립	丙 火 壬 水	立 ⑤ 설	笠 ⑪ 삿갓	粒 ⑪ 쌀알			
타	丙 火	他 ⑤ 다를	妥 ⑦ 타협할	墮 ⑮ 떨어질			
	丁 火	打 ⑥ 칠					
탁	丙 火 甲 木	托 ⑦ 밀	度 ⑨ 헤아릴	琢 ⑬ 옥다듬을	琸 ⑬ 사람이름	濁 ⑰ 흐릴	鐸 ㉑ 목탁
	丁 火 乙 木	卓 ⑧ 높을	倬 ⑩ 클	託 ⑩ 부탁할	晫 ⑫ 환할	擢 ⑱ 높을	濯 ⑱ 씻을
탄	丙 火 丙 火	呑 ⑦ 삼킬	炭 ⑨ 숯	彈 ⑮ 탄환	歎 ⑮ 탄식할	灘 ㉓ 여울	
	丁 火 丁 火	坦 ⑧ 넓을	誕 ⑭ 태어날				

탈	丙 火 丙 火	脫 ⑬ 벗을					
	丁 火 丁 火	奪 ⑭ 빼앗을					
탐	丙 火 壬 水	貪 ⑪ 탐낼					
	丁 火 癸 水	耽 ⑩ 즐길	探 ⑫ 찾을				
탑	丙 火 壬 水	塔 ⑬ 탑					
탕	丙 火 戊 土	湯 ⑬ 물끓일					
태	丙 火	台 ⑤ 별	兌 ⑦ 서방	怠 ⑨ 게으를	殆 ⑨ 위태로울	泰 ⑨ 클	胎 ⑪ 잉태할
	丁 火	太 ④ 클	汰 ⑧ 씻을	邰 ⑫ 나라이름	態 ⑭ 태도		
택	丙 火 甲 木	垞 ⑨ 언덕	澤 ⑰ 못	擇 ⑰ 가릴			
	丁 火 乙 木	宅 ⑥ 집					
토	丙 火	土 ③ 흙					
	丁 火	吐 ⑥ 토할	兎 ⑧ 토끼	討 ⑩ 토론할			

통	丙 火 戊 土	桶 ⑪ 통					
	丁 火 己 土	統 ⑫ 거느릴	痛 ⑫ 아플	通 ⑭ 통할			
투	丁 火	投 ⑧ 던질	透 ⑭ 통할	鬪 ⑳ 싸움			
특	丁 火 乙 木	特 ⑩ 특별할					
퇴	丙 火	堆 ⑪ 언덕	退 ⑬ 물러갈				

3. 土(ㅇ, ㅎ)의 글자

아	戊 土	我 ⑦ 나	阿 ⑬ 언덕	衙 ⑬ 아문			
	己 土	牙 ④ 어금니	亞 ⑧ 버금	兒 ⑧ 아이	芽 ⑩ 싹	娥 ⑩ 예쁠	峨 ⑩ 산이름
		雅 ⑫ 맑을	餓 ⑯ 주릴				
악	戊 土 甲 木	堊 ⑪ 흰흙	樂 ⑮ 풍류	嶽 ⑰ 큰뫼			
	己 土 乙 木	岳 ⑧ 뫼	惡 ⑫ 악할				
안	戊 土 丙 火	眼 ⑪ 눈					
	己 土 丁 火	安 ⑥ 편안할	岸 ⑧ 언덕	晏 ⑩ 편안할	按 ⑩ 누를	案 ⑩ 책상	雁 ⑫ 기러기
		顔 ⑱ 얼굴					
알	己 土 丁 火	謁 ⑯ 뵐					
암	戊 土 壬 水	庵 ⑪ 암자	暗 ⑬ 어둘	巖 ㉓ 바위			
	己 土 癸 水	岩 ⑧ 바위	菴 ⑭ 암자				

압	戊 土 壬 水	押 ⑨ 누를	壓 ⑰ 누를				
	己 土 癸 水	鴨 ⑯ 집오리					
앙	戊 土 戊 土	央 ⑧ 가운데	殃 ⑨ 재앙				
	己 土 己 土	仰 ⑥ 우러러볼	昻 ⑧ 밝을	鴦 ⑯ 원앙새			
애	戊 土	哀 ⑨ 슬플	崖 ⑪ 낭떠러지	愛 ⑬ 사랑			
	己 土	厓 ⑧ 언덕	涯 ⑫ 물가				
액	己 土 乙 木	厄 ④ 재앙	液 ⑫ 진액	額 ⑱ 이마			
앵	戊 土 戊 土	鶯 ㉑ 꾀꼬리					
야	戊 土	也 ③ 어조사	冶 ⑦ 쇠불릴	耶 ⑨ 땅이름	野 ⑪ 들		
	己 土	夜 ⑧ 밤					
약	戊 土 甲 木	約 ⑨ 맺을	若 ⑪ 같을	躍 ㉑ 뛸	藥 ㉑ 약		
	己 土 乙 木	弱 ⑩ 약할					

양	戊 土 戊 土	楊 ⑬ 버들	揚 ⑬ 드날릴	養 ⑮ 기를	樣 ⑮ 모양	襄 ⑰ 도울	陽 ⑰ 볕
	己 土 己 土	羊 ⑥ 양	洋 ⑩ 물	瀁 ⑭ 물모양	壤 ⑳ 곱다란흙	孃 ⑳ 아가씨	讓 ㉔ 사양할
어	戊 土	御 ⑪ 모실	魚 ⑪ 고기	漁 ⑮ 고기잡을			
	己 土	於 ⑧ 어조사	語 ⑭ 말씀				
억	戊 土 甲 木	億 ⑮ 억	憶 ⑰ 생각할	檍 ⑰ 참죽나무			
	己 土 乙 木	抑 ⑧ 누를					
언	戊 土 丙 火	言 ⑦ 말씀	彥 ⑨ 선비	焉 ⑪ 어디			
	己 土 丁 火	諺 ⑯ 상말					
엄	戊 土 壬 水	奄 ⑧ 문득	俺 ⑩ 나	掩 ⑫ 가려울	嚴 ⑳ 엄할		
업	戊 土 壬 水	業 ⑬ 업					
	己 土 癸 水	嶪 ⑯ 높을					
여	戊 土	汝 ⑦ 너	余 ⑦ 나	輿 ⑰ 수레바탕			

	己 土	予 ④ 나	如 ⑥ 같을	與 ⑪ 더불어	餘 ⑯ 남을		
역	戊甲 土木	役 ⑦ 부릴	疫 ⑨ 염병	域 ⑪ 지경	逆 ⑬ 거스릴	晹 ⑬ 해반짝날	驛 ㉓ 역말
	己乙 土木	亦 ⑥ 또	易 ⑧ 바꿀	譯 ⑳ 풀			
연	戊丙 土火	延 ⑦ 맞을	姸 ⑨ 고을	沿 ⑨ 좇을	衍 ⑨ 넓을	硏 ⑨ 연구할	軟 ⑪ 부드러울
		涓 ⑪ 물방울	筵 ⑬ 대자리	煙 ⑬ 연기	鉛 ⑬ 납	演 ⑮ 넓을	緣 ⑮ 인연
	己丁 土火	沇 ⑧ 물이름	宴 ⑩ 잔치	烟 ⑩ 연기	娟 ⑩ 예쁠	然 ⑫ 그러할	淵 ⑫ 못
		硯 ⑫ 벼루	燕 ⑯ 제비	燃 ⑯ 불탈			
열	戊丙 土火	悅 ⑪ 기뻐할	熱 ⑮ 더울	閱 ⑮ 읽을			
	己丁 土火	說 ⑭ 기쁠					
염	戊壬 土水	染 ⑨ 물들일	琰 ⑬ 비취옥	艶 ⑲ 탐스러울			
	己癸 土水	炎 ⑧ 불꽃	鹽 ㉔ 소금				
엽	戊壬 土水	葉 ⑮ 잎사귀					

	己 土 癸 水	燁 ⑯ 빛날	曄 ⑯ 빛날				
영	戊 土 戊 土	永 ⑤ 길	泳 ⑨ 헤엄칠	盈 ⑨ 찰	映 ⑨ 비칠	迎 ⑪ 맞을	英 ⑪ 꽃뿌리
		渶 ⑬ 물맑을	楹 ⑬ 기둥	煐 ⑬ 빛날	詠 ⑬ 읊을	暎 ⑬ 비칠	瑩 ⑮ 밝을
		影 ⑮ 그림자	鍈 ⑰ 방울소리	嬰 ⑰ 어릴	營 ⑰ 지을	瀯 ㉑ 물소리	
	己 土 己 土	榮 ⑭ 영화	瑛 ⑭ 옥광채				
예	戊 土	預 ⑬ 미리	銳 ⑮ 날카로울	藝 ㉑ 재주	譽 ㉑ 명예		
	己 土	芮 ⑩ 나라	睿 ⑭ 밝을	叡 ⑯ 밝을	豫 ⑯ 먼저		
오	戊 土	五 ⑤ 다섯	吾 ⑦ 나	吳 ⑦ 오나라	汚 ⑦ 더러울	梧 ⑪ 오동나무	悟 ⑪ 깨달을
		晤 ⑪ 밝을	嗚 ⑬ 탄식할	傲 ⑬ 거만할			
	己 土	午 ④ 낮	伍 ⑥ 다섯	旿 ⑧ 밝을	烏 ⑩ 까마귀	娛 ⑩ 즐길	梧 ⑫ 옥다음가는
		奧 ⑫ 깊을	誤 ⑭ 그르칠				
옥	戊 土 甲 木	玉 ⑤ 구슬	屋 ⑨ 집	鈺 ⑬ 금			

	己 土 乙 木	沃 ⑧ 옥토	獄 ⑫ 우리				
온	戊 土 丙 火	媼 ⑬ 할미	瑥 ⑮ 이름	穩 ⑲ 편안할			
	己 土 丁 火	温 ⑭ 따뜻할					
옹	戊 土 戊 土	雍 ⑬ 화할	擁 ⑰ 안을				
	己 土 己 土	翁 ⑩ 늙은이	壅 ⑯ 막을				
와	戊 土	瓦 ⑤ 기와					
	己 土	臥 ⑧ 누울					
완	戊 土 丙 火	完 ⑦ 완전할	玩 ⑨ 구경할	浣 ⑪ 옷빨	婉 ⑪ 어여쁠	婠 ⑪ 몸어여쁠	琬 ⑬ 구슬
		莞 ⑬ 웃을	緩 ⑮ 너그러울				
	己 土 丁 火	垸 ⑩ 회섞어칠할	玩 ⑫ 서옥				
왈	己 土 丁 火	曰 ④ 가로되					
왕	己 土 己 土	王 ④ 임금	往 ④ 갈	旺 ④ 왕성할	汪 ④ 못	枉 ④ 굽을	

외	戊 土	外 ⑤ 바깥	畏 ⑨ 두려워할				
요	戊 土	要 ⑨ 구할	樂 ⑮ 좋아할	腰 ⑮ 허리	瑤 ⑮ 구슬	謠 ⑰ 노래	遙 ⑰ 멀
		饒 ㉑ 배부를					
	己 土	夭 ④ 일찍죽을	堯 ⑫ 순임금	搖 ⑭ 흔들	曜 ⑱ 빛날	耀 ⑳ 빛날	
욕	戊 土 甲 木	欲 ⑪ 하고자할	浴 ⑪ 목욕할	慾 ⑮ 욕심낼			
	己 土 乙 木	辱 ⑩ 욕될					
용	戊 土 戊 土	用 ⑤ 쓸	勇 ⑨ 날랠	庸 ⑪ 떳떳할	涌 ⑪ 물솟을	湧 ⑬ 날뛸	瑢 ⑮ 옥소리
		鏞 ⑲ 쇠북					
	己 土 己 土	容 ⑩ 얼굴	茸 ⑫ 풀날	踊 ⑭ 뛸	墉 ⑭ 담	溶 ⑭ 녹을	榕 ⑭ 나무
		蓉 ⑯ 부용	鎔 ⑱ 녹을				
우	戊 土	于 ③ 어조사	右 ⑤ 오른쪽	佑 ⑦ 도울	禹 ⑨ 임금	偶 ⑪ 우연	釪 ⑪ 풍류그릇
		愚 ⑬ 어리석을	郵 ⑮ 우편	憂 ⑮ 근심	優 ⑰ 넉넉할	隅 ⑰ 모퉁이	

	ㄹ 土	又 ② 또	尤 ④ 더욱	友 ④ 벗	牛 ④ 소	羽 ⑥ 깃	宇 ⑥ 집
		雨 ⑧ 비	玗 ⑧ 옥돌	祐 ⑩ 도울	迂 ⑩ 멀	堣 ⑫ 모퉁이	寓 ⑫ 붙일
		瑀 ⑭ 옥돌	遇 ⑯ 만날				
욱	戊 土 甲 木	昱 ⑨ 햇빛밝을	煜 ⑬ 빛날	郁 ⑬ 문체날	頊 ⑬ 삼가할		
	ㄹ 土 乙 木	旭 ⑥ 빛날	彧 ⑩ 빛날				
운	戊 土 丙 火	韻 ⑲ 운					
	ㄹ 土 丁 火	云 ④ 이를	沄 ⑧ 끓을	雲 ⑭ 구름	運 ⑯ 운수	澐 ⑯ 큰물결	
울	戊 土 丙 火	蔚 ⑬ 고을이름					
웅	ㄹ 土 己 土	雄 ⑫ 수컷	熊 ⑭ 곰				
원	戊 土 丙 火	垣 ⑨ 낮은담	怨 ⑨ 원망할	苑 ⑪ 동산	嫄 ⑬ 여자이름	園 ⑬ 동산	圓 ⑬ 둥글
		援 ⑬ 도울	院 ⑮ 집	遠 ⑰ 멀	轅 ⑰ 수레	願 ⑲ 원할	
	ㄹ 土 丁 火	元 ④ 으뜸	沅 ⑧ 물이름	洹 ⑩ 물이름	員 ⑩ 관원	袁 ⑩ 성	原 ⑩ 근본

		媛 ⑫ 예쁠	瑗 ⑭ 구슬	源 ⑭ 근원	愿 ⑭ 성실한		
월	己 土 丁 火	月 ④ 달	越 ⑫ 넘을				
위	戊 土	位 ⑦ 자리	韋 ⑨ 다른가죽	威 ⑨ 위엄	偉 ⑪ 클	胃 ⑪ 밥통	尉 ⑪ 벼슬이름
		暐 ⑬ 빛날	渭 ⑬ 물이름	慰 ⑮ 위로할	緯 ⑮ 씨		
	己 土	危 ⑥ 위태할	委 ⑧ 맡길	圍 ⑫ 둘릴	爲 ⑫ 위할	瑋 ⑭ 구슬	僞 ⑭ 거짓
		謂 ⑯ 이를	衛 ⑯ 모실	違 ⑯ 어길	魏 ⑱ 위나라		
유	戊 土	由 ⑤ 말미암을	幼 ⑤ 어릴	酉 ⑦ 닭	宥 ⑨ 죄사할	幽 ⑨ 깊을	油 ⑨ 기름
		兪 ⑨ 맑을	柔 ⑨ 부드러울	悠 ⑪ 멀	唯 ⑪ 오직	裕 ⑬ 너그러울	猶 ⑬ 오히려
		楡 ⑬ 느티나무	愈 ⑬ 나을	猷 ⑬ 꾀	遺 ⑲ 끼칠		
	己 土	有 ⑥ 있을	乳 ⑧ 젖	侑 ⑧ 짝	洧 ⑩ 물이름	庾 ⑫ 창고	惟 ⑫ 생각할
		喩 ⑫ 비유할	瑜 ⑭ 아름다운	維 ⑭ 벼리	誘 ⑭ 유인할	儒 ⑯ 선비	遊 ⑯ 놀
육	戊 土 甲 木	堉 ⑪ 기름진땅					

	己 土 乙 木	肉 ⑥ 고기	育 ⑩ 기를				
윤	戊 土 丙 火	玧 ⑨ 옥빛	胤 ⑪ 씨				
	己 土 丁 火	允 ④ 진실로	尹 ④ 믿을	鈗 ⑫ 병기	閏 ⑫ 윤달	潤 ⑯ 부를	
융	己 土 己 土	融 ⑯ 화할					
은	戊 土 丙 火	垠 ⑨ 언덕	誾 ⑮ 화평할				
	己 土 丁 火	恩 ⑩ 은혜	殷 ⑩ 은나라	銀 ⑭ 은	隱 ㉒ 숨을		
을	戊 土 丙 火	乙 ① 새					
음	戊 土 壬 水	吟 ⑦ 읊을	音 ⑨ 소리	飮 ⑬ 마실			
	己 土 癸 水	陰 ⑩ 그늘	淫 ⑫ 음란할				
읍	戊 土 壬 水	邑 ⑦ 고을	泣 ⑨ 울				
응	戊 土 戊 土	應 ⑰ 응할	膺 ⑲ 가슴	鷹 ㉓ 매			
	己 土 己 土	凝 ⑯ 응고될					

의	戊 土	矣 ⑦ 어조사	宜 ⑪ 마땅	意 ⑬ 뜻	義 ⑬ 옳을	儀 ⑮ 거동	誼 ⑮ 옳을
		毅 ⑮ 굳셀					
	己 土	衣 ⑥ 옷	依 ⑧ 의지할	倚 ⑩ 의지할	疑 ⑭ 의심할	醫 ⑱ 의원	擬 ⑱ 비낄
		議 ⑳ 의논					
이	戊 土	已 ③ 이미	以 ⑤ 써	怡 ⑨ 화할	珥 ⑪ 귀고리	移 ⑪ 옮길	
	己 土	二 ② 두	伊 ⑥ 저	弛 ⑥ 해이할	耳 ⑥ 귀	夷 ⑥ 오랑캐	而 ⑥ 말미암을
		易 ⑧ 쉬울	異 ⑫ 다를	貳 ⑫ 두	爾 ⑭ 너	彝 ⑱ 떳떳할	
익	戊 土 甲 木	翊 ⑪ 도울	謚 ⑰ 빙그레	瀷 ㉑ 스며흐를			
	己 土 乙 木	益 ⑩ 더할	翼 ⑱ 날개				
인	戊 土 丙 火	刃 ③ 칼날	忍 ⑦ 참을	姻 ⑨ 혼인할	寅 ⑪ 동방		
	己 土 丁 火	人 ② 사람	仁 ④ 어질	引 ④ 끌	因 ⑥ 인할	印 ⑥ 도장	認 ⑭ 알
일	戊 土 丙 火	一 ① 한	逸 ⑮ 편안할				

	己 土 丁 火	日 ④ 날	壹 ⑫ 한	溢 ⑭ 찰	馹 ⑭ 역마	鎰 ⑱ 근	
임	戊 土 壬 水	妊 ⑦ 아이밸	姙 ⑨ 아이밸	稔 ⑬ 풍년들	賃 ⑬ 품팔이	臨 ⑰ 임할	
	己 土 癸 水	壬 ④ 북방	任 ⑥ 맡을	林 ⑧ 수풀			
입	己 土 癸 水	入 ② 들					
잉	戊 土 戊 土	剩 ⑪ 남을					
하	戊 土	下 ③ 아래	何 ⑦ 어찌	昰 ⑨ 여름	河 ⑨ 물	荷 ⑬ 연꽃	廈 ⑬ 큰집
	己 土	夏 ⑩ 여름	賀 ⑫ 하례할	厦 ⑫ 집		→ (戊土)	霞 ⑰ 노을
학	戊 土 甲 木	鶴 ㉑ 학					
	己 土 乙 木	學 ⑯ 배울					
한	戊 土 丙 火	汗 ⑦ 땀	旱 ⑦ 가물	漢 ⑮ 한나라	澣 ⑮ 옷빨	韓 ⑰ 나라	
	己 土 丁 火	恨 ⑩ 한	寒 ⑫ 찰	閒 ⑫ 한가할	閑 ⑫ 한가할	限 ⑭ 한정	翰 ⑯ 날개
		澣 ⑳ 질펀할					

할	戊 土 丙 火	轄 ⑰ 다스릴					
	己 土 丁 火	割 ⑫ 벨					
함	戊 土 壬 水	含 ⑦ 머금을	函 ⑨ 함	咸 ⑨ 다			
	己 土 癸 水	涵 ⑫ 젖을	陷 ⑯ 빠질	艦 ⑳ 싸움배			
합	己 土 癸 水	合 ⑥ 합할					
항	戊 土 戊 土	巷 ⑨ 거리	姮 ⑨ 계집이름	港 ⑬ 항구			
	己 土 己 土	亢 ④ 높을	沆 ⑧ 큰물	抗 ⑧ 항거할	航 ⑩ 배	恒 ⑩ 항상	項 ⑫ 항목
해	戊 土	偕 ⑪ 함께	海 ⑪ 바다	解 ⑬ 풀	楷 ⑬ 본뜰	該 ⑬ 그	
	己 土	亥 ⑥ 돼지	害 ⑩ 해할	奚 ⑩ 어찌			
핵	己 土 乙 木	核 ⑩ 씨					
행	戊 土 戊 土	杏 ⑦ 은행나무					
	己 土 己 土	行 ⑥ 행할	幸 ⑧ 다행				

향	戊 土 戊 土	香 ⑨ 향기	珦 ⑪ 옥이름	鄕 ⑰ 시골			
	己 土 己 土	向 ⑥ 향할	享 ⑩ 드릴	響 ㉒ 소리울림			
허	戊 土	許 ⑪ 허락할	墟 ⑮ 큰언덕				
	己 土	虛 ⑫ 빌					
헌	己 土 丁 火	軒 ⑩ 초헌	憲 ⑯ 법	獻 ⑳ 드릴			
험	戊 土 壬 水	險 ㉑ 험할	驗 ㉓ 증험할				
혁	戊 土 甲 木	革 ⑨ 가죽					
	己 土 乙 木	赫 ⑭ 빛날	爀 ⑱ 빛날				
현	戊 土 丙 火	玄 ⑤ 검을	見 ⑦ 보일	炫 ⑨ 밝을	泫 ⑨ 물깊을	絃 ⑪ 풍류줄	晛 ⑪ 별기운
		鉉 ⑬ 솥귀	賢 ⑮ 어질	顯 ㉓ 나타날			
	己 土 丁 火	弦 ⑧ 활시위	峴 ⑩ 고개	玹 ⑩ 옥돌	現 ⑫ 나타날	縣 ⑯ 고을	懸 ⑳ 달릴
혈	戊 土 丙 火	穴 ⑧ 구멍					

	己 土 丁 火	血 ⑥ 피					
협	戊 土 壬 水	俠 ⑨ 협기	浹 ⑪ 젖을	挾 ⑪ 낄			
	己 土 癸 水	協 ⑧ 화합할	峽 ⑩ 골	脅 ⑫ 갈빗대			
형	戊 土 戊 土	兄 ⑤ 형님	亨 ⑦ 형통할	型 ⑨ 골	泂 ⑨ 찰	炯 ⑨ 빛날	珩 ⑪ 노리개
		邢 ⑬ 나라이름	瑩 ⑮ 밝을	瀅 ⑲ 맑을			
	己 土 己 土	形 ⑥ 형상	刑 ⑥ 형벌	螢 ⑯ 반딧불	衡 ⑯ 저울대	馨 ⑳ 향내멀리날	
혜	戊 土	彗 ⑪ 자비로울	慧 ⑮ 지혜				
	己 土	兮 ④ 어조사	惠 ⑫ 은혜	蕙 ⑱ 난초	譿 ㉒ 살필		
호	戊 土	乎 ⑤ 어조사	毫 ⑪ 터럭	胡 ⑪ 어찌	浩 ⑪ 넓을	晧 ⑪ 해돋을	壺 ⑪ 병
		扈 ⑪ 뒤따를	琥 ⑬ 호박	湖 ⑬ 물	號 ⑬ 이름	壕 ⑰ 땅이름	護 ㉑ 호위할
		顥 ㉑ 클	頀 ㉓ 당나라풍류	灝 ㉕ 넓을			
	己 土	戶 ④ 집	互 ④ 어그러질	好 ⑥ 좋아할	虎 ⑧ 범	呼 ⑧ 부를	昊 ⑧ 하늘

		祜 ⑩ 복	淏 ⑫ 맑을	皓 ⑫ 흴	豪 ⑭ 호걸	瑚 ⑭ 산호	澔 ⑯ 채색빛날
		鎬 ⑱ 호경	濠 ⑱ 물이름				
혹	己 土 乙 木	或 ⑧ 혹	惑 ⑫ 미혹할				
혼	戊 土 丙 火	婚 ⑪ 혼인할	渾 ⑬ 흐릴				
	己 土 丁 火	昏 ⑧ 저물	混 ⑫ 섞일	魂 ⑭ 넋			
홀	己 土 丁 火	忽 ④ 문득	惚 ⑫ 황홀할				
홍	戊 土 戊 土	弘 ⑤ 클	泓 ⑨ 물깊을	紅 ⑨ 붉을	鴻 ⑰ 기러기		
	己 土 己 土	虹 ⑧ 무지개	烘 ⑩ 횃불	洪 ⑩ 넓을			
화	戊 土	禾 ⑤ 벼	貨 ⑪ 재물	話 ⑬ 말씀	嬅 ⑮ 고울		
	己 土	化 ④ 될	火 ④ 불	和 ⑧ 화할	花 ⑩ 꽃	畫 ⑫ 그림	禍 ⑭ 재앙
		華 ⑭ 빛날	樺 ⑯ 벗나무				
확	戊 土 甲 木	確 ⑮ 확실할	穫 ⑲ 곡식거둘	擴 ⑲ 넓힐			

환	戊 土 丙 火	丸 ③ 둥글	奐 ⑨ 클	晥 ⑪ 환할	患 ⑪ 근심	煥 ⑬ 빛날	換 ⑬ 바꿀
		渙 ⑬ 찬란할	鐶 ㉑ 고리				
	己 土 丁 火	幻 ④ 환상	桓 ⑩ 굳셀	喚 ⑫ 부를	環 ⑱ 둘릴	還 ⑳ 돌아올	歡 ㉒ 기쁠
활	戊 土 丙 火	闊 ⑰ 넓을					
	己 土 丁 火	活 ⑩ 살					
황	戊 土 戊 土	皇 ⑨ 임금	況 ⑨ 하물며	凰 ⑪ 암봉황새	惶 ⑬ 두려울		
	己 土 己 土	晃 ⑩ 밝을	堭 ⑫ 전각	荒 ⑫ 거칠	黃 ⑫ 누를	媓 ⑫ 이름	滉 ⑭ 물깊고넓을
		榥 ⑭ 책상	璜 ⑯ 구슬				
회	戊 土	廻 ⑨ 돌아올	晦 ⑪ 그믐	悔 ⑪ 뉘우칠	會 ⑬ 모일	檜 ⑰ 전나무	澮 ⑰ 개천
		繪 ⑲ 그림					
	己 土	回 ⑥ 돌아올	灰 ⑥ 재	恢 ⑩ 클	懷 ⑳ 품을		
획	己 土 乙 木	劃 ⑭ 그을	獲 ⑱ 얻을				

횡	己 土 己 土	横 ⑯ 비낄					
효	戊 土	孝 ⑦ 효도	涍 ⑪ 물가				
	己 土	爻 ④ 형상	效 ⑩ 본받을	曉 ⑯ 새벽	驍 ㉒ 날랠		
후	戊 土	侯 ⑨ 제후	後 ⑨ 뒤	厚 ⑨ 두터울	垕 ⑨ 두터울	逅 ⑬ 우연히만날	
	己 土	后 ⑥ 황후	候 ⑩ 기후	喉 ⑫ 목구멍			
훈	戊 土 丙 火	焄 ⑪ 향내	壎 ⑰ 흙풍류				
	己 土 丁 火	訓 ⑩ 가르칠	勛 ⑫ 공	熏 ⑭ 불사를	勳 ⑯ 공	燻 ⑱ 불기운	薰 ⑳ 향기풀
훤	戊 土 丙 火	暄 ⑬ 날따뜻할	萱 ⑮ 원주리				
	己 土 丁 火	喧 ⑫ 지껄일					
훼	戊 土	毁 ⑬ 헐					
휘	戊 土	揮 ⑬ 드날릴	彙 ⑬ 무리	暉 ⑬ 햇빛	煇 ⑬ 빛날	輝 ⑮ 빛날	徽 ⑰ 아름다울
휴	己 土	休 ⑥ 쉴	烋 ⑩ 아름다울	携 ⑭ 가질			

흉	己 土 己 土	凶 ④ 흉할	胸 ⑫ 가슴				
흑	己 土 乙 木	黑 ⑫ 검을					
흔	己 土 丁 火	欣 ⑧ 기쁠	昕 ⑧ 해돋을	炘 ⑧ 성할			
흘	己 土 丁 火	屹 ⑥ 산우뚝할					
흠	己 土 癸 水	欽 ⑫ 흠모할					
흡	戊 土 壬 水	吸 ⑦ 마실					
	己 土 癸 水	洽 ⑩ 화할	恰 ⑩ 흡사할	翕 ⑫ 모일			
흥	戊 土 戊 土	興 ⑮ 일어날					
희	戊 土	希 ⑦ 바랄	姬 ⑨ 계집	晞 ⑪ 마를	熙 ⑬ 빛날	嬉 ⑮ 희롱할	戲 ⑰ 희롱
		羲 ⑰ 기운	禧 ⑰ 복	曦 ㉑ 햇빛	爔 ㉑ 불		
	己 土	稀 ⑫ 드물	喜 ⑫ 기쁠	僖 ⑭ 즐거울	熺 ⑯ 밝을	憙 ⑯ 기뻐할	熹 ⑯ 기쁠
		噫 ⑯ 탄식할	潝 ⑱ 화할				

4. 金(ㅅ, ㅈ, ㅊ)의 글자

사	庚 金	士 ③ 선비	巳 ③ 뱀	仕 ⑤ 벼슬	史 ⑤ 사기	司 ⑤ 맡을	私 ⑦ 사사로울
		似 ⑦ 같을	泗 ⑦ 콧물	砂 ⑨ 모래	思 ⑨ 생각	査 ⑨ 사실할	蛇 ⑪ 뱀
		徙 ⑪ 옮길	斜 ⑪ 비낄	邪 ⑪ 간사할	寫 ⑮ 본뜰	賜 ⑰ 줄	謝 ⑰ 사례할
		辭 ⑲ 말씀					
	辛 金	四 ④ 넉	死 ⑥ 죽을	糸 ⑥ 가는실	寺 ⑥ 절	社 ⑧ 모일	沙 ⑧ 모래
		舍 ⑧ 집	事 ⑧ 일	祀 ⑧ 제사	使 ⑧ 하여금	師 ⑩ 스승	紗 ⑩ 깁
		娑 ⑩ 옷너풀거릴	射 ⑫ 쏠	斯 ⑫ 이	詐 ⑫ 사기	絲 ⑫ 실	捨 ⑫ 버릴
		奢 ⑫ 사치	詞 ⑫ 말씀				
삭	庚 金 甲 木	削 ⑨ 깎을					
	辛 金 乙 木	朔 ⑩ 북방					
산	庚 金 丙 火	山 ③ 뫼	産 ⑪ 낳을				

	辛 金 丁 火	珊 ⑩ 산호	傘 ⑫ 양산	散 ⑫ 흩어질	酸 ⑭ 실	算 ⑭ 셈할	
살	庚 金 丙 火	殺 ⑪ 죽일	薩 ⑲ 보살				
삼	庚 金 壬 水	三 ③ 석	杉 ⑦ 삼나무	參 ⑪ 석	蔘 ⑰ 인삼		
	辛 金 癸 水	森 ⑫ 수풀					
삽	庚 金 壬 水	揷 ⑬ 꽂을					
상	庚 金 戊 土	上 ③ 윗	床 ⑦ 평상	庠 ⑨ 학교	相 ⑨ 서로	常 ⑪ 항상	爽 ⑪ 상쾌할
		祥 ⑪ 상서	商 ⑪ 장사	想 ⑬ 생각할	詳 ⑬ 자세할	傷 ⑬ 상할	湘 ⑬ 물
		箱 ⑮ 상자	賞 ⑮ 상줄	償 ⑰ 갚을	霜 ⑰ 서리		
	辛 金 己 土	尙 ⑧ 오히려	狀 ⑧ 형상	桑 ⑩ 뽕나무	喪 ⑫ 슬플	翔 ⑫ 날개	象 ⑫ 코끼리
		像 ⑭ 형상	裳 ⑭ 치마	嘗 ⑭ 일찍			
쌍	辛 金 己 土	雙 ⑱ 쌍					
새	庚 金	塞 ⑬ 변방					

음	오행					
색	庚 金 甲 木	嗇 ⑬ 아낄					
	辛 金 乙 木	色 ⑥ 빛	索 ⑩ 찾을				
생	庚 金 戊 土	生 ⑤ 날					
서	庚 金	序 ⑦ 차례	敍 ⑪ 지을	庶 ⑪ 뭇	署 ⑬ 더울	舒 ⑬ 펼	緖 ⑮ 실끝
		署 ⑮ 관청					
	辛 金	西 ⑥ 서쪽	抒 ⑧ 펼	書 ⑩ 글	栖 ⑩ 쉴	徐 ⑩ 천천히	恕 ⑩ 용서할
		婿 ⑫ 사위	棲 ⑫ 쉴	壻 ⑫ 사위	瑞 ⑭ 상서	誓 ⑭ 맹세할	曙 ⑱ 새벽
석	庚 金 甲 木	夕 ③ 저녁	石 ③ 돌	汐 ⑦ 썰물	鉐 ⑬ 놋쇠	奭 ⑮ 클	
	辛 金 乙 木	析 ⑧ 나눌	昔 ⑧ 옛	席 ⑩ 자리	䄷 ⑩ 섬	惜 ⑫ 아낄	淅 ⑫ 쌀일
		晳 ⑫ 분석할	碩 ⑭ 클	錫 ⑯ 주석	釋 ⑳ 놓을		
선	庚 金 丙 火	仙 ⑤ 신선	宣 ⑨ 베풀	旋 ⑪ 돌이킬	船 ⑪ 배	羨 ⑬ 부러워할	愃 ⑬ 쾌할
		渲 ⑬ 물적실	線 ⑮ 실	墡 ⑮ 백토	嬋 ⑮ 고울	鮮 ⑰ 고울	禪 ⑰ 고요할

		璿 ⑲ 아름다울옥	選 ⑲ 가릴				
	辛 金 丁 火	先 ⑥ 먼저	扇 ⑩ 부채	善 ⑫ 착할	琁 ⑫ 옥돌	銑 ⑭ 분쇠	瑄 ⑭ 크고둥근옥
		璇 ⑯ 옥이름	膳 ⑱ 반찬	繕 ⑱ 보수할			
설	庚 金 丙 火	設 ⑪ 세울	雪 ⑪ 눈				
	辛 金 丁 火	舌 ⑥ 혀	卨 ⑫ 은나라이름	說 ⑭ 말씀			
섬	庚 金 壬 水	纖 ⑰ 가늘	蟾 ⑲ 도울				
	辛 金 癸 水	暹 ⑯ 나아갈					
섭	庚 金 壬 水	涉 ⑪ 건널	燮 ⑰ 화할				
	辛 金 癸 水	攝 ㉒ 끌어잡을					
성	庚 金 戊 土	成 ⑦ 이룰	星 ⑨ 별	省 ⑨ 살필	性 ⑨ 성품	晟 ⑪ 밝을	聖 ⑬ 성인
		惺 ⑬ 깨달을	聲 ⑰ 소리				
	辛 金 己 土	姓 ⑧ 성	娍 ⑩ 아름다울	城 ⑩ 재	珹 ⑫ 옥	盛 ⑫ 무성할	瑆 ⑭ 깨달을

		誠 ⑭ 정성	醒 ⑯ 술깰				
세	庚 金	世 ⑤ 인간	細 ⑪ 가늘	勢 ⑬ 형세	歲 ⑬ 해		
	辛 金	洗 ⑩ 씻을	稅 ⑫ 부세				
소	庚 金	小 ③ 작을	召 ⑤ 부를	昭 ⑨ 밝을	炤 ⑨ 밝을	沼 ⑨ 굽은못	紹 ⑪ 이을
		巢 ⑪ 새집	疏 ⑪ 소통할	消 ⑪ 사라질	遡 ⑰ 거스릴		
	辛 金	少 ④ 적을	所 ⑧ 바	素 ⑩ 흴	笑 ⑩ 웃을	訴 ⑫ 송사할	掃 ⑫ 쓸
		疎 ⑫ 성길	邵 ⑫ 높을	韶 ⑭ 아름다울	燒 ⑯ 불사를	蔬 ⑱ 푸나물	騷 ⑳ 소동할
		蘇 ㉒ 쉴					
속	庚 金 甲 木	束 ⑩ 묶음	俗 ⑨ 풍속	續 ㉑ 이을			
	辛 金 乙 木	粟 ⑫ 조	速 ⑭ 빠를	屬 ⑳ 속할			
손	庚 金 丙 火	遜 ⑰ 사양할					
	辛 金 丁 火	孫 ⑩ 손자	巽 ⑫ 낮을	損 ⑭ 덜			

솔	庚 金 丙 火	率 ⑪ 거느릴					
송	庚 金 戊 土	宋 ⑦ 송나라	訟 ⑪ 송사할	頌 ⑬ 칭송할	送 ⑬ 보낼		
	辛 金 己 土	松 ⑧ 소나무	誦 ⑭ 욀				
쇄	辛 金	刷 ⑧ 문지를	鎖 ⑱ 잠글				
쇠	辛 金	衰 ⑩ 쇠약할	釗 ⑩ 힘쓸				
수	庚 金	囚 ⑤ 가둘	秀 ⑦ 빼어날	首 ⑨ 머리	帥 ⑨ 장수	愁 ⑬ 근심	睡 ⑬ 졸
		數 ⑮ 셈	誰 ⑬ 누구	雖 ⑰ 비록	穗 ⑰ 이삭	隋 ⑰ 나라	獸 ⑲ 짐승
		隨 ㉑ 따를	髓 ㉓ 골				
	辛 金	手 ④ 손	水 ④ 물	收 ⑥ 거둘	守 ⑥ 지킬	垂 ⑧ 거의	受 ⑧ 받을
		洙 ⑩ 물가	殊 ⑩ 다를	修 ⑩ 닦을	授 ⑫ 줄	須 ⑫ 수염	琇 ⑫ 옥돌
		銖 ⑭ 저울눈	壽 ⑭ 목숨	粹 ⑭ 순수할	需 ⑭ 수요	輸 ⑯ 실을	遂 ⑯ 나아갈
		樹 ⑯ 나무	繡 ⑱ 수놓을				

숙	庚甲 金木	宿 ⑪ 잘	孰 ⑪ 누구	琡 ⑬ 구슬	肅 ⑬ 엄숙할	熟 ⑮ 익을	璹 ⑲ 옥그릇
	辛乙 金木	叔 ⑧ 아재비	淑 ⑫ 맑을	塾 ⑭ 글방			
순	庚丙 金火	巡 ⑦ 순례할	盾 ⑨ 방패	珣 ⑪ 옥그릇	脣 ⑬ 입술	諄 ⑮ 지극할	醇 ⑮ 순후할
		瞬 ⑰ 눈깜짝일					
	辛丁 金火	旬 ⑥ 열흘	純 ⑩ 순수할	殉 ⑩ 순장	洵 ⑩ 믿을	荀 ⑫ 풀이름	筍 ⑫ 대
		舜 ⑫ 순임금	淳 ⑫ 맑을	順 ⑫ 순할	循 ⑫ 돌	錞 ⑯ 쇠북악기	
술	庚丙 金火	術 ⑪ 재주					
	辛丁 金火	戌 ⑥ 개	述 ⑫ 지을				
숭	庚戊 金土	崇 ⑪ 숭상할					
슬	庚丙 金火	膝 ⑰ 무릎					
	辛丁 金火	瑟 ⑭ 큰거문고					
습	庚壬 金水	習 ⑪ 익힐					

	辛癸 金水	拾 ⑩ 주을	濕 ⑱ 젖을	襲 ㉒ 엄습할			
승	庚戊 金土	陞 ⑮ 오를	繩 ⑲ 줄				
	辛己 金土	升 ④ 되	丞 ⑥ 도울	承 ⑧ 이을	昇 ⑧ 오를	乘 ⑩ 탈	勝 ⑫ 이길
		僧 ⑭ 중					
시	庚 金	市 ⑤ 저자	示 ⑤ 보일	屍 ⑨ 주검	柴 ⑨ 섶	施 ⑨ 베풀	是 ⑨ 이
		詩 ⑫ 글	試 ⑬ 시험할				
	辛 金	始 ⑧ 비로소	侍 ⑧ 모실	時 ⑩ 때	視 ⑫ 볼		
씨	辛 金	氏 ④ 성					
식	庚甲 金木	食 ⑨ 밥	埴 ⑪ 진흙	湜 ⑬ 물맑을	軾 ⑬ 수레나무	識 ⑲ 알	
	辛乙 金木	式 ⑥ 법	息 ⑩ 쉴	栻 ⑩ 점통	寔 ⑫ 이	殖 ⑫ 날	植 ⑫ 심을
		飾 ⑭ 꾸밀					
신	庚丙 金火	申 ⑤ 납	伸 ⑦ 펼	辛 ⑦ 매울	身 ⑦ 몸	信 ⑨ 믿을	晨 ⑪ 새벽

		紳 ⑪ 큰띠	新 ⑪ 새	莘 ⑬ 풀	薪 ⑲ 섶		
	辛 金 丁 火	臣 ⑥ 신하	神 ⑩ 신령할	迅 ⑩ 빠를	訊 ⑩ 물을	愼 ⑭ 삼가할	
실	庚 金 丁 火	失 ⑤ 잃을	室 ⑨ 집	悉 ⑪ 다할			
	辛 金 丁 火	實 ⑭ 열매					
심	庚 金 壬 水	甚 ⑨ 심할	審 ⑮ 살필				
	辛 金 癸 水	心 ④ 마음	沁 ⑧ 찾을	尋 ⑫ 찾을	深 ⑫ 깊을		
십	辛 金 癸 水	十 ② 열	什 ④ 열사람				
자	庚 金	子 ③ 아들	仔 ⑤ 자세	姿 ⑨ 맵시	瓷 ⑪ 오지그릇	紫 ⑪ 붉을	資 ⑬ 재물
		雌 ⑬ 암컷	磁 ⑮ 자석				
	辛 金	自 ⑥ 스스로	字 ⑥ 글자	姉 ⑧ 누이	刺 ⑧ 찌를	者 ⑩ 놈	玆 ⑩ 이
		恣 ⑩ 방자할	滋 ⑭ 부를	慈 ⑭ 사랑	藉 ⑳ 깔		
작	庚 金 甲 木	灼 ⑦ 사를	作 ⑦ 지을	芍 ⑨ 작약	昨 ⑨ 어제	雀 ⑪ 참새	鵲 ⑲ 까치

	辛 金 乙 木	酌 ⑩ 술	爵 ⑱ 벼슬				
잔	辛 金 丁 火	殘 ⑫ 남을					
잠	庚 金 壬 水	暫 ⑮ 잠깐	箴 ⑮ 바늘				
	辛 金 癸 水	潛 ⑱ 잠길	蠶 ㉔ 누에				
잡	辛 金 癸 水	雜 ⑱ 섞일					
장	庚 金 戊 土	杖 ⑦ 짚을	壯 ⑦ 장할	丈 ⑦ 어른	帳 ⑪ 장막	張 ⑪ 베풀	章 ⑪ 글
		將 ⑪ 장수	裝 ⑬ 꾸밀	莊 ⑬ 씩씩할	葬 ⑮ 장사지낼	漳 ⑮ 물이름	樟 ⑮ 예장나무
		腸 ⑮ 창자	暲 ⑮ 밝을	薔 ⑲ 장미	障 ⑲ 막힐		
	辛 金 己 土	匠 ⑥ 장인	庄 ⑥ 전장	長 ⑧ 어른	奘 ⑩ 클	場 ⑫ 마당	掌 ⑫ 손바닥
		粧 ⑫ 단장할	奬 ⑭ 권면할	璋 ⑯ 구슬	墻 ⑯ 담	藏 ⑳ 감출	臟 ㉔ 오장
재	庚 金	才 ③ 재주	材 ⑦ 재목	災 ⑦ 재앙	哉 ⑨ 비로소	梓 ⑪ 가래나무	載 ⑬ 실을
		渽 ⑬ 맑을	齋 ⑰ 집				

	辛 金	再 ⑥ 두	在 ⑥ 있을	栽 ⑩ 심을	財 ⑩ 재물	宰 ⑩ 재상	裁 ⑫ 판결할
쟁	辛 金 己 土	爭 ⑧ 다툴	錚 ⑯ 징			→ (辛金)	締 ⑯ 일
저	庚 金	低 ⑦ 굽힐	抵 ⑨ 말	苧 ⑪ 모시	著 ⑮ 지을		
	辛 金	底 ⑧ 밑	貯 ⑫ 쌓을	邸 ⑫ 집			
적	庚 金 甲 木	赤 ⑦ 붉을	寂 ⑪ 고요	笛 ⑪ 피리	賊 ⑬ 도둑	跡 ⑬ 자취	敵 ⑮ 대적할
		摘 ⑮ 들추어낼	滴 ⑮ 물방울	績 ⑰ 길쌈			
	辛 金 乙 木	的 ⑧ 적절할	迪 ⑫ 나아갈	積 ⑯ 쌓을	蹟 ⑱ 사적	適 ⑱ 마침	籍 ⑳ 호적
전	庚 金 丙 火	田 ⑤ 밭	甸 ⑦ 경기	前 ⑨ 앞	專 ⑪ 오로지	塡 ⑬ 메울	電 ⑬ 번개
		殿 ⑬ 대궐	琠 ⑬ 구슬	傳 ⑬ 전할	詮 ⑬ 갖출		
	辛 金 丁 火	全 ⑥ 온전	典 ⑧ 법	佺 ⑧ 신선이름	展 ⑩ 펼	栓 ⑩ 나무	銓 ⑭ 저울질할
		錢 ⑯ 돈	戰 ⑯ 싸울	轉 ⑱ 구를			
절	庚 金 丙 火	節 ⑮ 마디					

	辛 金 丁 火	切 ④ 끊을	折 ⑧ 꺾을	絶 ⑫ 끊을			
점	庚 金 壬 水	占 ⑤ 점칠	点 ⑨ 점	漸 ⑮ 점점	點 ⑰ 검은		
	辛 金 癸 水	店 ⑧ 가게					
접	庚 金 壬 水	蝶 ⑮ 나비					
	辛 金 癸 水	接 ⑫ 접할					
정	庚 金 戊 土	正 ⑤ 바를	廷 ⑦ 조정	玎 ⑦ 옥소리	町 ⑦ 밭지경	呈 ⑦ 들어낼	柾 ⑨ 나무바를
		亭 ⑨ 정자	貞 ⑨ 곧을	訂 ⑨ 평론할	挺 ⑪ 뺄	停 ⑪ 머무를	桯 ⑪ 기둥
		頂 ⑪ 이마	偵 ⑪ 탐문	鼎 ⑬ 솥	湞 ⑬ 물이름	鉦 ⑬ 징	靖 ⑬ 편안할
		楨 ⑬ 쥐똥나무	綎 ⑬ 인끈	鋌 ⑮ 쇳덩이	靚 ⑮ 단장할	鄭 ⑲ 정나라	
	辛 金 己 土	丁 ② 고무래	井 ④ 우물	汀 ⑥ 물가	征 ⑧ 정복할	政 ⑧ 정사	定 ⑧ 정할
		姃 ⑧ 단정할	庭 ⑩ 뜰	幀 ⑫ 화분	晸 ⑫ 해뜰	淀 ⑫ 얕은샘	程 ⑫ 과정
		晶 ⑫ 맑을	情 ⑫ 뜻	淨 ⑫ 맑을	珽 ⑫ 옥홀	珵 ⑫ 옥돌	精 ⑭ 가릴

		禎 ⑭ 상서	整 ⑯ 정제할	錠 ⑯ 신선로	靜 ⑯ 고요		
제	庚 金	弟 ⑦ 아우	帝 ⑦ 임금	第 ⑪ 차례	梯 ⑪ 사다리	悌 ⑪ 공경할	祭 ⑪ 제사
		除 ⑮ 제할	際 ⑮ 모들				
	辛 金	制 ⑧ 법	提 ⑫ 들	堤 ⑫ 막을	瑅 ⑭ 옥이름	製 ⑭ 지을	齊 ⑭ 정제할
		諸 ⑯ 모두	濟 ⑱ 건널	題 ⑱ 제목			
조	庚 金	助 ⑦ 도울	曹 ⑪ 무리	鳥 ⑪ 새	組 ⑪ 짤	釣 ⑪ 낚시	彫 ⑪ 새길
		條 ⑪ 곁가지	窕 ⑪ 안존할	照 ⑬ 비칠	調 ⑮ 고루	操 ⑰ 잡을	燥 ⑰ 마를
	辛 金	弔 ④ 조상할	早 ⑥ 이를	兆 ⑥ 억	祚 ⑩ 복	祖 ⑩ 조상	租 ⑩ 부세
		曺 ⑩ 성	晁 ⑩ 아침	措 ⑫ 둘	詔 ⑫ 조서	朝 ⑫ 아침	肇 ⑭ 비로소
		趙 ⑭ 나라이름	造 ⑭ 지을	潮 ⑯ 밀물	遭 ⑱ 만날		
족	庚 金 甲 木	足 ⑦ 발	族 ⑪ 겨레				
존	辛 金 丁 火	存 ⑥ 있을	尊 ⑫ 높을				

졸	庚 金 丙 火	拙 ⑨ 졸렬할					
	辛 金 丁 火	卒 ⑧ 군사					
종	庚 金 戊 土	終 ⑪ 마칠	從 ⑪ 좇을	琮 ⑬ 옥	鍾 ⑰ 쇠북	縱 ⑰ 세로	
	辛 金 己 土	宗 ⑧ 마루	倧 ⑩ 예전신인	淙 ⑫ 물소리	悰 ⑫ 즐거울	棕 ⑫ 종려나무	種 ⑭ 심을
		綜 ⑭ 모을	瑽 ⑯ 패옥소리	鐘 ⑳ 쇠북			
좌	庚 金	左 ⑤ 왼쪽	佐 ⑦ 도울	坐 ⑦ 앉을			
	辛 金	座 ⑩ 자리					
죄	辛 金	罪 ⑭ 허물					
주	庚 金	主 ⑤ 임금	走 ⑦ 달릴	住 ⑦ 머무를	柱 ⑨ 기둥	炷 ⑨ 심지	注 ⑨ 물댈
		奏 ⑨ 아뢸	珠 ⑪ 구슬	晝 ⑪ 낮	酒 ⑪ 술	胄 ⑪ 투구	湊 ⑬ 물이름
		週 ⑮ 두루	駐 ⑮ 말머무를	疇 ⑲ 밭			
	辛 金	州 ⑥ 고을	舟 ⑥ 배	朱 ⑥ 붉을	周 ⑧ 두루	宙 ⑧ 집	株 ⑩ 뿌리

		洲 ⑩ 섬	註 ⑫ 주낼	遒 ⑯ 굳셀	鑄 ㉒ 부을		
죽	辛 金 乙 木	竹 ⑥ 대					
준	庚 金 丙 火	俊 ⑨ 준걸	晙 ⑪ 밝을	浚 ⑪ 취할	埻 ⑪ 관혁	焌 ⑪ 불당길	雋 ⑬ 새살찔
		儁 ⑮ 준걸	駿 ⑰ 준마	遵 ⑲ 좇을			
	辛 金 丁 火	准 ⑩ 법	埈 ⑩ 높을	峻 ⑩ 산높고험할	畯 ⑫ 농부	竣 ⑫ 마칠	準 ⑭ 법
		濬 ⑱ 깊을					
줄	庚 金 丙 火	茁 ⑪ 풀싹					
중	庚 金 戊 土	重 ⑨ 무거울					
	辛 金 己 土	中 ④ 가운데	仲 ⑥ 버금	衆 ⑫ 무리			
즉	庚 金 甲 木	即 ⑨ 곧					
즐	庚 金 丙 火	櫛 ⑲ 곧					
즙	辛 金 癸 水	汁 ⑥ 진액					

증	庚 金 戊 土	烝 ⑨ 찔	增 ⑮ 더할	甑 ⑰ 시루	贈 ⑲ 줄	證 ⑲ 증거	
	辛 金 己 土	症 ⑩ 병증세	曾 ⑫ 일찍	憎 ⑯ 미워할	蒸 ⑯ 찔		
지	庚 金	只 ⑤ 다만	址 ⑦ 터	志 ⑦ 뜻	池 ⑦ 못	祉 ⑨ 복	趾 ⑪ 발꿈치
		摯 ⑮ 잡을	遲 ⑲ 더딜				
	辛 金	支 ④ 지탱할	止 ④ 그칠	之 ④ 갈	旨 ⑥ 뜻	至 ⑥ 이를	地 ⑥ 땅
		枝 ⑧ 가지	知 ⑧ 알	沚 ⑧ 물가	芝 ⑩ 지초	紙 ⑩ 종이	指 ⑩ 손가락
		持 ⑩ 가질	祗 ⑩ 공경	智 ⑫ 지혜	誌 ⑭ 기록할		
직	庚 金 甲 木	稙 ⑬ 일찍심은벼	稷 ⑮ 피				
	辛 金 乙 木	直 ⑧ 곧을	織 ⑱ 실다듬을	職 ⑱ 벼슬			
진	庚 金 丙 火	辰 ⑦ 별	振 ⑪ 떨칠	陣 ⑮ 진칠	震 ⑮ 진동할	瑨 ⑮ 옥돌	進 ⑮ 나아갈
		瑱 ⑮ 귀고리	璡 ⑰ 옥돌				
	辛 金 丁 火	眞 ⑩ 참	珍 ⑩ 보배	晋 ⑩ 나라	津 ⑩ 나무	秦 ⑩ 진나라	軫 ⑫ 수레뒤나무

		塵 ⑭ 먼지	盡 ⑭ 다할	陳 ⑯ 베풀	鎭 ⑱ 진정		
질	庚 金 丙 火	姪 ⑨ 조카	質 ⑮ 바탕				
	辛 金 丁 火	秩 ⑩ 차례	疾 ⑩ 질병	瓆 ⑳ 이름			
집	庚 金 壬 水	執 ⑪ 잡을	楫 ⑬ 돛대				
	辛 金 癸 水	什 ④ 물건	集 ⑫ 모일	潗 ⑯ 샘날	輯 ⑯ 모을		
징	庚 金 戊 土	徵 ⑮ 부를	懲 ⑲ 징계할				
	辛 金 己 土	澄 ⑯ 맑을					
차	庚 金	叉 ③ 깍지낄	且 ⑤ 또	車 ⑦ 수레			
	辛 金	此 ⑥ 이	次 ⑥ 버금	差 ⑩ 어긋날	借 ⑩ 빌어올		
착	庚 金 甲 木	捉 ⑪ 잡을					
	辛 金 乙 木	着 ⑫ 입을	錯 ⑯ 그르칠				
찬	庚 金 丙 火	粲 ⑬ 선명할	燦 ⑰ 빛날	澯 ⑰ 물맑을	贊 ⑲ 찬성할	纘 ㉕ 이을	鑽 ㉗ 뚫을

	辛 丁 金 火	撰 ⑯ 갖출	璨 ⑱ 옥광채	纂 ⑳ 모을	讚 ㉒ 도울	瓚 ㉔ 옥그릇	讚 ㉖ 도울
찰	辛 丁 金 火	察 ⑭ 살필					
참	庚 壬 金 水	參 ⑪ 참여할	慘 ⑮ 슬플	慙 ⑮ 부끄러울			
창	庚 戊 金 土	唱 ⑪ 노래부를	窓 ⑪ 창문	廠 ⑮ 헛간			
	辛 己 金 土	昌 ⑧ 창성	昶 ⑩ 밝을	倉 ⑩ 창고	創 ⑫ 비롯할	敞 ⑫ 넓을	彰 ⑭ 나타날
		滄 ⑭ 서늘할	暢 ⑭ 화창할	菖 ⑭ 창포	蒼 ⑯ 푸를		
채	庚 金	彩 ⑪ 채색	寀 ⑪ 동관	埰 ⑪ 사패지	債 ⑬ 빚질	蔡 ⑰ 법	
	辛 金	采 ⑧ 취할	採 ⑫ 딸	菜 ⑭ 나물			
책	庚 甲 金 木	册 ⑤ 책	責 ⑪ 꾸짖을				
	辛 乙 金 木	策 ⑫ 꾀					
처	庚 金	處 ⑪ 곳					
	辛 金	妻 ⑧ 아내	悽 ⑫ 슬플				

척	庚甲 金木	斥 ⑤ 내칠	拓 ⑨ 열	戚 ⑪ 친척	陟 ⑮ 올릴		
	辛乙 金木	尺 ④ 자	坧 ⑧ 기지				
천	庚丙 金火	千 ③ 일천	川 ③ 내	仟 ⑤ 천사람	泉 ⑨ 샘	阡 ⑪ 밭두둑길	賤 ⑮ 천할
		踐 ⑮ 천거할	薦 ⑲ 천거할	遷 ⑲ 옮길			
	辛丁 金火	天 ④ 하늘	淺 ⑫ 물얕을				
철	庚丙 金火	徹 ⑮ 관철할	轍 ⑲ 바퀴자국	鐵 ㉑ 쇠			
	辛丁 金火	哲 ⑩ 밝을	喆 ⑫ 밝을	綴 ⑭ 맺을	撤 ⑯ 거둘	澈 ⑯ 물맑을	
첨	庚壬 金水	僉 ⑬ 다					
	辛癸 金水	尖 ⑥ 뾰족할	添 ⑫ 더할	瞻 ⑱ 우러러볼			
첩	辛癸 金水	妾 ⑧ 첩	帖 ⑧ 문서	捷 ⑫ 이길			
청	庚戊 金土	請 ⑮ 청할	廳 ㉕ 관청				
	辛己 金土	靑 ⑧ 푸를	淸 ⑫ 맑을	晴 ⑫ 갤	聽 ㉒ 들을		

체	庚 金	締 ⑮ 맺을	遞 ⑰ 갈아들일	體 ㉓ 몸			
	辛 金	替 ⑫ 대신할	諦 ⑯ 살필				
초	庚 金	初 ⑦ 처음	肖 ⑨ 같을	招 ⑨ 부를	楚 ⑬ 초나라		
	辛 金	艸 ⑥ 풀	抄 ⑧ 굶주릴	草 ⑫ 풀	焦 ⑫ 그을릴	超 ⑫ 뛰어넘을	樵 ⑯ 땔나무
		蕉 ⑱ 파초	礎 ⑱ 주춧돌				
촉	庚 金 甲 木	促 ⑨ 재촉할	燭 ⑰ 촛불				
	辛 金 乙 木	觸 ⑳ 받을					
촌	庚 金 丙 火	寸 ③ 마디	村 ⑦ 마을				
총	庚 金 戊 土	總 ⑰ 총	聰 ⑰ 귀밝을	寵 ⑲ 사랑할			
	辛 金 己 土	銃 ⑭ 총	叢 ⑱ 떨기				
최	庚 金	崔 ⑪ 성	催 ⑬ 재촉할				
	辛 金	最 ⑫ 가장					

추	庚 金	秋 ⑨ 가을	抽 ⑨ 뺄	楸 ⑬ 노나무	追 ⑬ 따를	樞 ⑮ 지두리	鄒 ⑰ 땅
	辛 金	推 ⑫ 가릴	錐 ⑯ 송곳	錘 ⑯ 저울눈		→ (庚金)	醜 ⑰ 더러울
축	庚 金 甲 木	築 ⑮ 쌓을	縮 ⑰ 쭈그러질				
	辛 金 乙 木	丑 ④ 소	畜 ⑩ 기를	祝 ⑩ 축원할	軸 ⑫ 굴대	逐 ⑭ 좇을	蓄 ⑯ 저축
춘	庚 金 丙 火	春 ⑨ 봄	椿 ⑬ 대추나무				
	辛 金 丁 火	瑃 ⑭ 옥이름	賰 ⑯ 넉넉할				
출	庚 金 丙 火	出 ⑤ 날					
충	庚 金 戊 土	充 ⑤ 채울	衝 ⑮ 충돌할				
	辛 金 己 土	忠 ⑧ 충성	沖 ⑧ 화할	衷 ⑩ 속	珫 ⑩ 이을	蟲 ⑱ 벌레	
췌	辛 金	萃 ⑭ 모을					
취	庚 金	吹 ⑦ 불	趣 ⑭ 뜻	醉 ⑮ 술취할			
	辛 金	取 ⑧ 가질	臭 ⑩ 썩을	就 ⑫ 나아갈	翠 ⑭ 비취	聚 ⑭ 모을	

측	庚 金 甲 木	側 ⑪ 곁	測 ⑬ 헤아릴				
층	庚 金 戊 土	層 ⑮ 층					
치	庚 金	峙 ⑨ 고개	治 ⑨ 다스릴	致 ⑨ 이를	雉 ⑬ 꿩	稚 ⑬ 어릴	馳 ⑬ 달릴
		齒 ⑮ 이					
	辛 金	値 ⑩ 만날	恥 ⑩ 부끄러울	置 ⑭ 둘	熾 ⑯ 불땔		
칙	庚 金 甲 木	則 ⑨ 법	勅 ⑨ 경계할				
친	辛 金 丁 火	親 ⑯ 친할					
칠	庚 金 丙 火	七 ⑦ 칠	漆 ⑮ 옻칠할				
침	庚 金 壬 水	侵 ⑨ 침노할	浸 ⑪ 젖을				
	辛 金 癸 水	沈 ⑧ 잠길	枕 ⑧ 베개	針 ⑩ 바늘	寢 ⑭ 잠잘		
칩	庚 金 壬 水	蟄 ⑰ 동면할					
칭	辛 金 己 土	秤 ⑩ 저울	稱 ⑭ 일컬을				

5. 水(ㅁ, ㅂ, ㅍ)의 글자

마	壬 水	麻 ⑪ 삼	瑪 ⑮ 옥돌				
	癸 水	馬 ⑩ 말	磨 ⑯ 갈				
막	壬 水 甲 木	莫 ⑬ 말	漠 ⑮ 아득할				
	癸 水 乙 木	幕 ⑭ 장막					
만	壬 水 丙 火	万 ③ 일만	曼 ⑪ 길멀	晩 ⑪ 늦을	萬 ⑮ 일만	滿 ⑮ 찰	慢 ⑮ 거만할
		漫 ⑮ 흩어질	蔓 ⑰ 넝굴	鏋 ⑲ 금	蠻 ㉕ 오랑캐		
말	壬 水 丙 火	末 ⑤ 끝					
망	壬 水 戊 土	亡 ③ 망할	忘 ⑦ 잊을	忙 ⑦ 바쁠	罔 ⑨ 없을	望 ⑪ 바랄	
	癸 水 己 土	妄 ⑥ 망녕될	茫 ⑫ 망망할	網 ⑭ 그물			
매	壬 水	每 ⑦ 매양	梅 ⑪ 매화	賣 ⑮ 팔			
	癸 水	枚 ⑧ 줄기	妹 ⑧ 누이	埋 ⑩ 묻을	買 ⑫ 살		

맥	壬甲 水木	麥 ⑪ 보리					
	癸乙 水木	脈 ⑫ 맥					
맹	壬戊 水土	盟 ⑬ 맹세할					
	癸己 水土	盲 ⑧ 어두울	孟 ⑧ 맏	猛 ⑫ 날랠	萌 ⑭ 싹		
면	壬丙 水火	免 ⑦ 면할	面 ⑨ 낯	勉 ⑨ 힘쓸	冕 ⑪ 면류관		
	癸丁 水火	眠 ⑩ 졸	棉 ⑫ 목화나무	綿 ⑭ 솜			
멸	癸丁 水火	滅 ⑭ 멸할					
명	癸己 水土	名 ⑥ 이름	命 ⑧ 목숨	明 ⑧ 밝을	冥 ⑩ 어두움	溟 ⑭ 바다	鳴 ⑭ 울
		銘 ⑭ 새길					
모	壬 水	母 ⑤ 어미	矛 ⑤ 창	冒 ⑨ 무릅쓸	某 ⑨ 아무	募 ⑬ 모을	暮 ⑮ 저물
		慕 ⑮ 사모할	摸 ⑮ 본뜰	模 ⑮ 법			
	癸 水	毛 ④ 터럭	牟 ⑧ 클	貌 ⑭ 모양	謀 ⑯ 꾀	謨 ⑱ 꾀할	

목	壬 水 甲 木	目 ⑤ 눈	睦 ⑬ 화목할				
	癸 水 乙 木	木 ④ 나무	沐 ⑧ 목욕	牧 ⑧ 기를	穆 ⑯ 화할		
몰	癸 水 丁 火	沒 ⑧ 빠질					
몽	癸 水 己 土	夢 ⑭ 꿈	蒙 ⑯ 어릴				
묘	壬 水	卯 ⑤ 토끼	妙 ⑦ 묘할	苗 ⑪ 싹	描 ⑬ 본뜰	廟 ⑮ 사당	
	癸 水	墓 ⑭ 무덤	錨 ⑯ 닻				
무	壬 水	戊 ⑤ 천간	拇 ⑨ 엄지손가락	珷 ⑪ 무부	務 ⑪ 힘쓸	茂 ⑪ 무성할	霧 ⑲ 안개
	癸 水	武 ⑧ 호반	畝 ⑩ 밭이랑	無 ⑫ 없을	貿 ⑫ 무역	舞 ⑭ 춤출	撫 ⑯ 어루만질
묵	壬 水 甲 木	墨 ⑮ 먹물					
	癸 水 乙 木	默 ⑯ 잠잠할					
문	壬 水 丙 火	問 ⑪ 물을					
	癸 水 丁 火	文 ④ 글월	門 ⑧ 문	炆 ⑧ 연기날	汶 ⑧ 물	紋 ⑩ 무늬	聞 ⑭ 들을

물	癸 水 丁 火	勿 ④ 말	物 ⑧ 만물				
미	壬 水	未 ⑤ 아닐	尾 ⑦ 꼬리	美 ⑨ 아름다울	眉 ⑨ 눈섭	微 ⑬ 작을	迷 ⑬ 미혹할
		渼 ⑬ 물	彌 ⑰ 더할	薇 ⑲ 장미꽃			
	癸 水	米 ⑥ 쌀	味 ⑧ 맛				
민	壬 水 丙 火	民 ⑤ 백성	玟 ⑨ 옥돌	敏 ⑪ 민첩할			
	癸 水 丁 火	旼 ⑧ 화할	岷 ⑧ 산이름	旻 ⑧ 하늘	珉 ⑩ 옥돌	閔 ⑫ 불쌍히여길.	憫 ⑯ 민망할
밀	壬 水 丙 火	密 ⑪ 빽빽할					
	癸 水 丁 火	蜜 ⑭ 꿀					
박	壬 水 甲 木	泊 ⑨ 쉴	拍 ⑨ 칠	璞 ⑰ 옥돌	薄 ⑲ 엷을		
	癸 水 乙 木	朴 ⑥ 성	珀 ⑩ 호박	迫 ⑫ 핍박할	博 ⑫ 넓을	撲 ⑯ 부딪힐	
반	壬 水 丙 火	半 ⑤ 절반	伴 ⑦ 짝	叛 ⑨ 배반할	返 ⑪ 돌아올	班 ⑪ 나눌	頒 ⑬ 나눌
		飯 ⑬ 밥	磐 ⑮ 반석	盤 ⑮ 소반			

	癸丁 水火	反 ④ 돌이킬	般 ⑩ 일반	畔 ⑩ 밭도랑	潘 ⑯ 물이름		
발	壬丙 水火	拔 ⑨ 뺄	鉢 ⑬ 바리때	渤 ⑬ 바다	髮 ⑮ 터럭		
	癸丁 水火	發 ⑫ 필	潑 ⑯ 활발할				
방	壬戊 水土	放 ⑦ 해로울	坊 ⑦ 제방	彷 ⑦ 거닐	邦 ⑪ 나라	訪 ⑪ 찾을	
	癸己 水土	方 ④ 모	房 ⑧ 방	放 ⑧ 놓을	芳 ⑩ 꽃다울	倣 ⑩ 본받을	肪 ⑩ 비계
		傍 ⑫ 곁	防 ⑫ 막을				
배	壬 水	拜 ⑨ 절	培 ⑪ 북돋을	背 ⑪ 등	湃 ⑬ 물소리	輩 ⑮ 무리	
	癸 水	杯 ⑧ 잔	倍 ⑩ 갑절	配 ⑩ 짝	排 ⑫ 밀	裵 ⑭ 성	陪 ⑯ 도울
백	壬甲 水木	白 ⑤ 흰	伯 ⑦ 맏	柏 ⑨ 잣나무			
	癸乙 水木	百 ⑥ 일백	佰 ⑧ 백사람어른	帛 ⑧ 비단			
번	壬丙 水火	煩 ⑬ 번거로울	繁 ⑰ 성할	飜 ㉑ 뒤칠			
	癸丁 水火	番 ⑫ 차례					

벌	壬 水 丙 火	罰 ⑮ 벌줄					
	癸 水 丁 火	伐 ⑥ 칠	閥 ⑭ 문벌				
범	壬 水 壬 水	凡 ③ 무릇	汎 ⑦ 뜰	机 ⑦ 나무이름	范 ⑪ 벌	範 ⑮ 법	
	癸 水 癸 水	氾 ⑥ 넘칠	犯 ⑥ 범할	帆 ⑥ 배돛			
법	壬 水 壬 水	法 ⑨ 법					
벽	壬 水 甲 木	闢 ㉑ 열					
	癸 水 乙 木	碧 ⑭ 푸를	壁 ⑯ 바람	璧 ⑱ 구슬			
변	壬 水 丙 火	辯 ㉑ 말잘할	變 ㉓ 변할				
	癸 水 丁 火	卞 ④ 법	辨 ⑯ 분별할	邊 ㉒ 가			
별	壬 水 丙 火	別 ⑦ 다를					
병	壬 水 戊 土	丙 ⑤ 남녘	兵 ⑦ 군사	炳 ⑨ 빛날	柄 ⑨ 자루	昞 ⑨ 빛날	昺 ⑨ 빛날
		屛 ⑪ 병풍	甁 ⑬ 병	軿 ⑮ 부인의수레			

	癸 水 己 土	幷 ⑥ 아우를	秉 ⑧ 잡을	倂 ⑩ 나란할	病 ⑩ 병	棅 ⑫ 자루	鉼 ⑭ 금덩이
보	壬 水	步 ⑦ 걸음	甫 ⑦ 클	保 ⑨ 보전	補 ⑬ 기울	譜 ⑲ 족보	
	癸 水	報 ⑫ 갚을	堡 ⑫ 막을	普 ⑫ 넓을	輔 ⑭ 도울	寶 ⑳ 보배	
복	壬 水 甲 木	腹 ⑮ 배	複 ⑮ 겹옷				
	癸 水 乙 水	卜 ② 점	伏 ⑥ 엎드릴	服 ⑧ 입을	復 ⑫ 거듭	福 ⑭ 복	馥 ⑱ 향기
본	壬 水 丙 火	本 ⑤ 근본					
봉	壬 水 戊 土	封 ⑨ 봉할	烽 ⑪ 봉화	蜂 ⑬ 벌	琫 ⑬ 칼장식	鋒 ⑮ 칼날	蓬 ⑰ 쑥
	癸 水 己 土	奉 ⑧ 받들	俸 ⑩ 녹	峯 ⑩ 산봉우리	棒 ⑫ 칠	捧 ⑫ 받들	逢 ⑭ 만날
		鳳 ⑭ 새					
부	壬 水	付 ⑤ 줄	孚 ⑦ 믿을	否 ⑦ 아니	負 ⑨ 패할	赴 ⑨ 다다를	浮 ⑪ 뜰
		婦 ⑪ 며느리	符 ⑪ 병부	副 ⑪ 버금	附 ⑬ 붙일	部 ⑮ 떼	賦 ⑮ 부세
		敷 ⑮ 베풀	膚 ⑰ 피부	簿 ⑲ 문서			

	癸	水	父 ④ 아비	夫 ④ 지아비	府 ⑧ 마을	扶 ⑧ 도울	芙 ⑩ 연꽃	傅 ⑫ 스승
			復 ⑫ 다시	富 ⑫ 부자	腐 ⑭ 썩을	溥 ⑭ 클		
북	壬 甲	水 木	北 ⑤ 북녘					
분	壬 丙	水 火	盆 ⑨ 동이	墳 ⑮ 무덤				
	癸 丁	水 火	分 ④ 나눌	汾 ⑧ 물흐를	芬 ⑩ 향기	紛 ⑩ 어지러울	粉 ⑩ 가루	賁 ⑫ 클
			憤 ⑯ 분할	奮 ⑯ 떨칠				
불	壬 丙	水 火	弗 ⑤ 말	佛 ⑦ 부처	拂 ⑨ 떨칠			
	癸 丁	水 火	不 ④ 아니					
붕	壬 戊	水 土	崩 ⑪ 산무너질	鵬 ⑲ 붕새				
	癸 己	水 土	朋 ⑧ 벗					
비	壬	水	庇 ⑦ 덮을	飛 ⑨ 날	婢 ⑪ 여종	碑 ⑬ 비석	琵 ⑬ 비파	
	癸	水	比 ④ 견줄	妃 ⑥ 왕비	批 ⑧ 손으로칠	非 ⑧ 아닐	枇 ⑧ 비파	卑 ⑧ 낮을

		秘 ⑩ 숨길	肥 ⑩ 살찔	悲 ⑫ 슬플	備 ⑫ 갖출	扉 ⑫ 문짝	費 ⑫ 비용
		鼻 ⑭ 코	譬 ⑳ 비유할				
빈	壬 水 丙 火	彬 ⑪ 빛날	斌 ⑪ 빛날	貧 ⑪ 가난할	嬪 ⑰ 계집		
	癸 水 丁 火	賓 ⑭ 손	頻 ⑯ 자주할	濱 ⑱ 물가			
빙	壬 水 戊 土	氷 ⑤ 얼음	聘 ⑬ 부를				
	癸 水 己 土	憑 ⑯ 의지할					
파	壬 水	波 ⑨ 물결	把 ⑨ 잡을	琶 ⑬ 비파			
	癸 水	巴 ④ 땅이름	坡 ⑧ 언덕	芭 ⑩ 파초	破 ⑩ 깨질	派 ⑩ 나눠나갈	頗 ⑭ 자못
		罷 ⑯ 마칠	播 ⑯ 심을				
판	壬 水 丙 火	坂 ⑦ 언덕	判 ⑦ 쪼갤	版 ⑨ 조각	販 ⑪ 팔		
	癸 水 丁 火	板 ⑧ 널	阪 ⑫ 언덕				
팔	癸 水 丁 火	八 ⑧ 여덟					

패	壬 水	貝 ⑦ 조개	浿 ⑪ 물가	敗 ⑪ 패할	霸 ㉑ 으뜸		
	癸 水	佩 ⑧ 찰	牌 ⑫ 패				
팽	癸 水 己 土	彭 ⑫ 성	澎 ⑯ 물소리				
편	壬 水 丙 火	便 ⑨ 편할	扁 ⑨ 작을	偏 ⑪ 치우칠	編 ⑮ 엮을	篇 ⑮ 책	
	癸 水 丁 火	片 ④ 조각	遍 ⑯ 두루				
평	壬 水 戊 土	平 ⑤ 평할	枰 ⑨ 바둑판				
	癸 水 己 土	坪 ⑧ 들	評 ⑫ 평론할				
폐	壬 水	廢 ⑨ 폐할	閉 ⑪ 닫을	幣 ⑮ 돈	陛 ⑮ 천지	弊 ⑮ 폐단	
	癸 水	肺 ⑩ 허파	蔽 ⑱ 가릴				
포	壬 水	布 ⑤ 베	包 ⑤ 쌀	抱 ⑨ 안을	胞 ⑪ 태	浦 ⑪ 물가	葡 ⑮ 포도
		褒 ⑮ 포상할					
	癸 水	捕 ⑩ 잡을	砲 ⑩ 대포	飽 ⑭ 배부를			

폭	壬 水 甲 木	暴 ⑮ 나타날	爆 ⑲ 터질				
	癸 水 乙 木	幅 ⑫ 폭					
표	壬 水	杓 ⑦ 북두자루	表 ⑨ 겉	票 ⑪ 불날	彪 ⑪ 범	標 ⑮ 표할	漂 ⑮ 뜰
		驃 ㉑ 날쌜					
	癸 水	豹 ⑩ 표범					
품	壬 水 壬 水	品 ⑨ 품수	禀 ⑬ 품할				
풍	壬 水 戊 土	風 ⑨ 바람	楓 ⑬ 단풍나무				
	癸 水 己 土	豐 ⑱ 풍년					
피	壬 水	皮 ⑤ 가죽	被 ⑪ 입을				
	癸 水	彼 ⑧ 저	疲 ⑩ 피곤할	避 ⑳ 피할			
필	壬 水 丙 火	必 ⑤ 반드시	泌 ⑨ 물좁게흐를	畢 ⑪ 마칠	苾 ⑪ 향기로울		
	癸 水 丁 火	匹 ④ 짝	珌 ⑩ 칼장식할	弼 ⑫ 도울	筆 ⑫ 붓	馝 ⑭ 향기	

■ 저자 문 왕 준 ■

□1941년 충남 대덕 출생
□1968년 신아일보 사회부, 체육부 기자
□1977년 시사통신 정치부, 문화부 기자
□충남대학교 법과대학
□단국대학교 경영대학원
□국민대학교 정치대학원 수료
□현재 전주교육대학교 평생교육원 명리학 전담교수
□저서 : 새벽바다, 초원의 집, 주역(64괘) 현대적 해설

한국전통명리학 입문과 실제

정가 18,000원

2013年 4月 5日 1版 印刷
2013年 4月 10日 1版 發行
저 자 : 문 왕 준
발 행 인 : 김 현 호
발 행 처 : 법문 북스
공 급 처 : 법률미디어

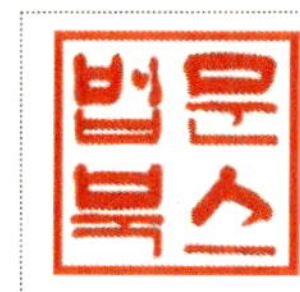

152-050
서울 구로구 구로동 636-62
TEL : 2636-2911~3, FAX : 2636~3012
등록 : 1979년 8월 27일 제5-22호
Home : www.lawb.co.kr

▌ISBN 978-89-7535-257-7 03140